I Cinque Principi del Tutto

ISBN 978-0-9853276-2-0

Pubblicato negli Stati Uniti da Five Birds Industries, Laguna Woods, California

Pubblicato negli Stati Uniti d'America.

Five Birds Industries
603-G Avenida Sevilla
Laguna Woods, CA 92637

2013 Prima edizione Italiana

I Cinque Principi del Tutto

di

Gordon Richiusa

Ringraziamenti

Voglio ringraziare Dennis Mulkey, Jenny Garbus e Maria Arvelo per avermi aiutato a preparare la bozza finale del manoscritto *originale,* e Alfred Urquidez ed Edward Tao per l'impegno profuso nel tradurlo rispettivamente in spagnolo e cinese.

Alcune delle opere d'arte originali, come l'immagine del corvo e dell'aquila che volano insieme e i ritratti del falco e dell'avvoltoio, sono state realizzate da Darlene Marcos come pitture murali. Tutte le foto originali sono state fatte da Gordon, Travis o Barbara Richiusa.

Persone apprezzate e riconosciute come esperti nei vari settori hanno contribuito a questo libro con articoli e compendi di lezioni. Tra questi ricordiamo(in ordine alfabetico): Maria Arvelo, Renee Baribeau, Russ Buchanan, Rick Burgin, Frank Dux, Steve Galvanoni, John Gates, Lisa Gates, John Harrison, Jhoon Rhee, Barbara Rich, Dana Stamos, Edward Tao, Alfred Urquidez, Ralph Villani e Brian Wallace.

Questa nota speciale di ringraziamento non è sufficiente per esprimere la mia profonda gratitudine. Sono questi contributi che rendono il libro veramente prezioso.

Disegno di copertina di Gordon Richiusa

Foto di copertina di Travis Richiusa

Revisione della traduzione italiana a cura di Arianna Carloni

The Five Principles of Everything

Indice dei Contenuti

Panoramica introduttiva

Gli esseri umani cercano di identificare dei modelli nelle cose. Questo è un fatto ormai accertato da scienziati ed esperti del settore. Ricerchiamo dei modelli come per cercare di dare un senso alle nostre vite. Il desiderio di cercare soluzioni ai problemi, di trovare una connessione tra le cose, è in un certo senso nel nostro DNA. Questa forza impellente intrinseca alla nostra natura umana ci fa a volte *credere che ci siano effettivamente degli schemi* anche là dove, in realtà, non ce ne sono. Quando identifichiamo dei modelli che sono poi identificati anche da altri (anche se siamo stati i primi a notare i modelli in questione) arriviamo a parlare di consenso espanso o accordo riconosciuto e stabiliamo che il modello è valido o reale. Cerchiamo accordi e consensi per cercare di rendere migliore la nostra vita individuale. Un'altra tendenza che sembra essere radicata nel nostro DNA è il cercare di migliorare le cose. Infine, se da un lato gli esseri umani sono orientati verso l'invenzione, quando nuovi dati vengono aggiunti ad una qualsiasi equazione il nostro punto di vista o prospettiva subiscono ovviamente un'alterazione. Quando le condizioni cambiano sufficientemente da giustificare un aggiustamento, gli esseri umani sono anche grandi re-inventori. In questo primo paragrafo andrò a contestualizzare i cinque principi del tutto e a spiegare la struttura del libro.

Questo libro si è andato espandendo su richiesta degli studenti dei concetti base. In altre parole, il modello è stato costruito sulle fondamenta del consenso. Inizialmente, ho presentato "I cinque principi del tutto" come la mia personale formula di vita (tornerò a questa immagine generale in seguito), sviluppata nel corso del mio studio delle arti marziali.

Nel corso degli anni ho impersonato vari ruoli. Sono stato insegnante, padre, marito, amico, nemico, consigliere, imprenditore e scrittore freelance. Molti dei miei primi veri lavori sono stati nel campo della scrittura e dell'editing, in realtà. Per esempio ho fatto parte della redazione della STAR Magazine nella sua versione originale, pubblicata dalla Peterson (Sunset Boulevard, Hollywood).

Sono anche stato l'intero staff di editori e scrittori della Associate Valley Pubblications, dove ero contemporaneamente editor, addetto al layout e giornalista (utilizzando un numero di pseudonimi).

Per parafrasare il personaggio di Dustin Hoffman nel film "Il piccolo grande uomo", "poi c'è stato il mio periodo da bagnino". Essendo sempre stato un nuotatore abbastanza decente, che ha avuto la fortuna di crescere nella California del sud e di avere una piscina nel giardino di casa, ho fatto richiesta per una posizione di guardaspiaggia quando ero un adolescente. Ho superato il test, ma non ho mai avuto la posizione perché ho preferito un più comodo lavoro come bagnino presso il Lodge Sportsman, North Hollywood. C'era raramente più di una persona per volta in piscina, ma io sono orgoglioso di dire che, nei miei molti anni di carriera, è capitato un solo incidente dove ho avuto bisogno di entrare in acqua.

Ho sempre cercato lavori dove non ci fosse bisogno di fare straordinari per poter concentrare tutta la mia attenzione sui miei studi universitari e sullo studio delle arti marziali. Uno dei vari posti dove ho lavorato come bagnino è stato un centro per bambini emotivamente disturbati a Lake View Terrace, California. In questo lavoro ho cominciato ad applicare logicamente i principi che poi sarebbero diventati i miei *Cinque principi di Chi* .

All'epoca pensavo che un buon bagnino fosse uno che non doveva mai rischiare la propria vita per proteggere gli altri. La mia preoccupazione principale era la prevenzione di situazioni pericolose. Per esempio, mi assicuravo sempre che chiunque avesse accesso alla piscina che supervisionavo sapesse nuotare. Se non sapevano nuotare, erano tenuti a seguire le mie lezioni di nuoto. Ho fatto sì che tutto lo staff imparasse nozioni sulla sicurezza in acqua, e ho dato loro lezioni su parti del corso per bagnini approvato dalla Croce Rossa. Non fa mai male avere aiuto in qualsiasi cosa stiamo facendo, e quando i "genitori" del centro (come venivano chiamati i consulenti e psicologi interni) portavano venti bambini emotivamente disturbati in piscina, il fatto che fossero loro stessi bagnini abilitati ha semplificato enormemente il mio lavoro. Finita la stagione sono diventato io stesso un consulente interno, e poi un assistente-supervisore di un'unità abitativa dove mi è stato chiesto di "dare l'esempio" al personale. Il lavoro mi affascinava, e da lì sono arrivato a lavorare in cliniche psichiatriche (Van Nuys Psychiatric e Tarzana Mental Health Clinic, tra le altre) e poi al ruolo di insegnante e coordinatore del Curriculum nel carcere della contea di Los Angeles, dove ho lavorato per vent'anni.

Il vero inizio della mia carriera accademica è stato sancito dietro le sbarre delle carceri di Los Angeles, anche se avevo già lavorato per diversi anni a Los Angeles in scuole sia pubbliche che private.

Ho poi conseguito un Master in letteratura inglese presso la California State University, Northridge (non ho mai smesso di studiare e imparare) e l'abilitazione all'insegnamento in California, portando sempre avanti anche lo studio e la pratica delle arti marziali. Di recente, sono stato ammesso al Wall of Fame dei Maestri di Arti Marziali e mi è stato conferito un riconoscimento alla carriera, ma di questo parlerò più avanti.

Nonostante l'abbia capito a pieno solo recentemente, il mio successo in vari campi è stato principalmente determinate dal mio applicare i principi delle arti marziali a qualsiasi obiettivo mi sia prefisso, come il completamento del mio progetto di tesi di Master sull'analisi delle opere di Carlos Castaneda dal punto di vista letterario. Applicavo gli stessi principi quando scrivevo articoli per giornali e riviste, o quando lavoravo in carceri o in ospedali psichiatrici, quando ho lanciato e gestito una società no-profit, o quando mi allenavo per arrivare a nuotare più velocemente dei miei avversari.

Più tardi, mi sono reso conto che cinque principi base mi avevano fatto da guida (a me come a innumerevoli altri prima di me), e ho sviluppato *il Go Tao Chi* o i "Cinque Principi di Chi," che ho usato per insegnare il mio "sistema dei cinque uccelli". Da allora ho usato questi stessi principi in tutto quello che ho fatto.

Il sistema dei cinque uccelli è stato dapprima sviluppato come metodo di insegnamento dei concetti base delle arti marziali, indipendentemente dallo stile di arti marziali preferito. Mi aveva sempre infastidito che, in un campo che predicava di avere come fine ultimo uno "scopo più alto", ci fossero un sacco di lotte intestine e pugnalate alle spalle. Ho deciso di allontanarmi dalle aree in cui i conflitti andavano avanti da secoli per focalizzare l'attenzione laddove invece gli stili avevano dei punti di accordo. Fu così che, nel sistema dei cinque uccelli, i concetti divennero il punto focale della formazione. Il mio obiettivo non era solo insegnare alla gente come dare pugni e calci, ma anche come utilizzare le loro conoscenze e competenze per diventare persone migliori ed esperti applicatori ed insegnanti dei concetti delle arti marziali in qualsiasi campo. Questo è un obiettivo piuttosto comune per un maestro di arti marziali, e dovrebbe anzi essere alla base di TUTTE le arti marziali.

Il mio metodo differisce dagli altri in quanto inizia con lo studente. Il mio obiettivo come insegnante è fare in modo che le lezioni che devo insegnare siano utili allo studente. Credo che il valore di ogni lezione sia definito in maniera precisa e che ogni studente sia unico.

Pertanto, ogni studente deve dare senso ai concetti analizzandoli da un punto di vista individuale e personale. Per questo motivo, ero solito richiedere ai miei studenti che aspiravano alla cintura nera di condividere la loro visione della scuola e apportare il loro contributo personale con quella che chiamavamo un'*abilità speciale*. Queste abilità speciali erano cose che non ero stato io ad insegnare agli studenti, ma che loro stessi apportavano alle arti marziali. In questo modo li aiutavo a capire che quello che stavano imparando durante le mie lezioni poteva essere applicato anche ad attività di altro tipo. Tra le varie abilità speciali dei miei studenti ci sono state l'insegnamento, la meditazione, la programmazione di computer, lo sci, la bicicletta, lo scuba diving, i rimedi naturali, la collezione di piante commestibili e quant'altro. In molti casi, lo studente finiva per perseguire la propria abilità speciale fino a farla diventare la propria professione. Molti dei miei studenti sono diventati insegnanti, medici, dirigenti e via dicendo. Con tutti gli studenti ho sempre cercato di trovare la distanza più breve tra quello che desideravano imparare e quello che dovevo insegnare, cercando di ridurre le lezioni alla loro essenza e fare collegamenti su più livelli possibili. Così, a prescindere dall'argomento che sto insegnando chiedo sempre allo studente: "qual è il tuo obiettivo?".

La mia apertura verso il nuovo mi ha permesso di arrivare ad applicare all'insegnamento ciò che ho definito un "metodo di saturazione" dopo aver osservato le tecniche dei miei insegnanti di arti marziali, tra cui Bob Ozman, Mike Eaves e Frank Dux. In questo metodo, gli argomenti toccati comprendono un'ampia varietà di discipline e regimi di fitness. L'obiettivo di ogni lezione è quello di insegnare alla persona nella sua completezza e complessità.

Nel mio sistema dei cinque uccelli uso i simboli dell'aquila, falco, avvoltoio, corvo e civetta per rappresentare molti concetti differenti, tra cui 1) cinque strategie di base, 2) cinque stili di combattimento, 3) i cinque poteri e 4) i cinque obiettivi essenziali di un guerriero.

Questi concetti non sono stati scelti in maniera casuale, così come gli uccelli che ho scelto per rappresentarli. Ho infatti visto questi cinque uccelli volare insieme durante una cerimonia cui ho preso parte molti anni fa. I miei insegnanti mi hanno suggerito di utilizzare questa visione per trovare il mio percorso nella vita. Mi è sembrato che potesse essere un buon modello, e ho cercato di rimanere fedele a questo consiglio.

Mi rendo conto ora, dopo aver proceduto per tentativi (una delle migliori strategie di vita), che il modello stabilito dalla consapevolezza momentanea che io chiamo i cinque principi del tutto è alla base della maggior parte delle arti marziali, anzi alla base di qualsiasi tipo di formazione che abbia mai ricevuto. In altre parole, i miei insegnanti non facevano che ripetere quello che avevano imparato dai loro insegnanti e così via.

Un altro concetto che chi pratica arti marziali usa spesso e che è stata comprovata da studi in altri campi è che possiamo osservare e conoscere noi stessi proprio come si osserva e studia la natura. Osservando i cinque uccelli, ho capito che ognuno di loro è unico e può insegnarci qualcosa di diverso, ma ogni (anche se unico), ma allo stesso tempo sono tutti e cinque in grado di volare.

Pur essendo diversi tra loro, sono comunque tutti e cinque uccelli rapaci ed hanno pertanto anche dei punti in comune. Per estensione i miei insegnanti mi stavano dimostrando che i concetti che insegnavano, così come i motivi per cui praticavamo, non erano separati dalla natura: al contrario, ne erano parte integrante. In altre parole, tutto il mondo sembrava seguire regole e schemi simili tra loro e tutti ammirevoli e degni di imitazione.

Alla fine, ho capito che cosa i miei insegnanti stavano veramente cercando di dirmi. Questi modelli che avevo individuato attraverso un percorso meccanicamente stilizzato e al contempo naturalmente intuitivo non erano solo un modello da seguire a livello personale, o seguito dalla natura. Erano principi seguiti dall'universo.

I cinque principi che ho sviluppato erano inizialmente relativi al movimento del corpo, e semplificavano lo studio delle arti marziali focalizzando l'attenzione sul rapporto tra movimenti e posture, o “rapporto tra punti finali e punti di partenza”. Come con l'agopuntura, l’agopressione e una serie di rituali o comportamenti spirituali, le azioni dei cinque uccelli delle arti marziali vengono eseguite in modo specifico per ottenere benefici specifici e non specifici. Questo vale anche per i cinque principi del tutto.

In questo libro, si discuterà di come questi principi possano essere applicati alla *vostra* abilità speciale. Inizieremo illustrando i cinque principi fondamentali, apportando esempi di come possano essere applicati praticamente in qualsiasi campo: salute, affari, politica, interazioni sociali, sport, professioni e sistemi di credenze di ogni tipo. I cinque principi sono applicabili a tutto a causa dell'accordo che condividiamo su di loro. Con la collaborazione delle tante persone che hanno contribuito a questo libro, vi mostrerò come questi principi possano essere applicati sia ad attività quotidiane quali scrivere, parlare, leggere, insegnare, correre, seguire una dieta, fare affari, nuotare, praticare autodifesa, che a questioni di governo, rapporti umani, salute, economia o recupero da infortunio e malattia. Torneremo spesso alle arti marziali per chiarire alcuni punti, essendo il campo dal quale posso trarre il maggior numero di esempi. Mi è stato suggerito di abbandonare il riferimento alle arti marziali nella spiegazione del valore dei cinque principi, ma non sono d'accordo.

Io e molte delle persone che hanno contribuito al libro abbiamo riscontrato che i bravi insegnanti di arti marziali sono tra i migliori nel campo dell'educazione, perché partono dalla premessa che i loro insegnamenti hanno applicazioni che vanno al di là di pugni e calci. Mi permetto di aggiungere che io stesso sono conosciuto sia per le mie capacità di insegnamento e di scrittura che per le mie abilità nelle arti marziali.

Provate a pensarci. Se potete insegnare alla gente come

vivere al meglio la loro vita, come essere persone migliori, che ruolo dare a disciplina e pratica nell'ottica del raggiungimento di una vita felice, se potete insegnare loro a perseguire compassione, onestà e verità rendendoli allo stesso tempo fisicamente più sani, allora forse *avete imparato qualcosa di veramente importante*!

Partirò dunque dalla premessa che quello che sto andando a presentare è comunemente accettato nella maggior parte delle pratiche di arti marziali.

Le arti marziali mi hanno iniziato all'idea della comunanza dei concetti, e perciò le considero il primo passo nella direzione dell'applicazione di questi principi a interessi di ogni genere. Gli articoli e i contributi al libro da parte di esperti in molti altri campi (nonostante alcuni di questi esperti siano fondamentalmente, come me, praticanti di arti marziali) forniranno la possibilità di guardare alla mia tesi da molteplici prospettive.

Nel linguaggio delle arti marziali, diciamo che Go Tao Chi (un termine di fantasia che ho coniato per i cinque principi del tutto) è principalmente incentrato sul rapporto tra mente, corpo e spirito... o, se preferite, consapevolezza, azione e l'ignoto. In molte forme di pensiero e filosofie si trova una Trinità di questo tipo come nucleo centrale.

Oltre al numero tre, anche il cinque è altamente significativo. Credo che questo sia parzialmente dovuto al fatto che abbiamo cinque dita e cinque sensi, e quindi, in un certo senso, alla presunzione che hanno gli esseri umani nella loro visione dell'universo.

Inizialmente, essendo più interessato alle arti marziali, usavo parole con cui i miei studenti potessero relazionarsi. Per esempio, la parola *chi* in senso lato include una traduzione della parola giapponese *ki.* Questa parola ha molteplici significati, tra cui *energia, forza vitale, lo spirito, o "il gran finale"* (come viene solitamente tradotto nella forma del tai chi). In questi giorni ho spostato il mio focus personale verso una prospettiva più ampia di insegnamento. Sto applicando sempre di più i cinque principi all'oggetto della comunicazione, imparando al contempo sempre di più sul potere delle parole.

Recentemente, ho pubblicato un romanzo intitolato "Shidoshi: I quattro modi del cadavere". È un thriller che si basa su un antico dibattito originato da da diverse possibili traduzioni per la prima parola del titolo. Nel romanzo faccio riferimento ai cinque principi e arrivo a dimostrare come la corruzione, i conflitti e il pericolo al centro del romanzo derivano tutti dal non aver seguito i cinque principi.

Ancora una volta, dato che il mio pubblico era costituito principalmente da praticanti di arti marziali, ho usato il termine "Go Tao Chi" per descrivere quello che stavo facendo. Questo è un termine che ho coniato da due lingue separate (cinese e giapponese). In lingua giapponese la parola *go* significa "duro" e "numero cinque". Nella lingua cinese, *tao* significa "modo", o definisce un insieme di circostanze per raggiungere determinati obiettivi. *Chi* è anche un termine cinese che indica la forza vitale, energia o spirito. Dunque, nell'ottica di una traduzione inclusiva, Go Tao Chi sta a significare *I cinque principi di Chi,* o *I duri principi di Chi* .

L'interpretazione originale era di applicazione troppo ristretta per la maggior parte delle persone, non interessate a diventare insegnanti di arti marziali. Tuttavia, ampliando il campo di osservazione, ci rendiamo conto che la vera forza di questi principi è la loro versatilità. Mirano ad essere applicabili a tutto, e ad identificarsi con lo stesso insieme di regole che segue l'universo. Se non possono essere applicati a tutto, forse non possono essere applicati a niente. Questa è la bellezza di questo sistema. Tutto si riduce a cinque principi osservabili e ***il punto di partenza è il consenso***, basato sulla prospettiva dell'osservatore.

I cinque principi del tutto sono i seguenti: 1) il principio della consapevolezza applicata, 2) il principio del flusso, azione o movimento, 3) il principio della forma 4) il principio del beneficio e 5) il principio di armonia, di equilibrio o di adattabilità.

Essere in grado di mettere le cose in prospettiva o di individuare un modello sembra darci un senso di calma. Seguire questi cinque principi ci darà anche un senso di benessere, in qualsiasi campo vengano praticati e applicati. Alla fine del libro sul Go Tao Chi, davo esempi di esercizi per la pratica del Tai Chi dei Cinque Uccelli e brevi descrizioni di come questi esercizi possano essere utilizzati in molti altri campi di mia esperienza (corsa, arrampicata, nuoto, scrittura e insegnamento).

Come introduzione alla sezione articoli di questa edizione, Edward Tao (un mio ex studente di scrittura creativa) ha aggiunto un commento su come i principi vengano applicati al tennis, e sulla sua interpretazione dei principi nel tradurre dall'inglese al cinese. Ogni articolo intende mostrare l'applicazione dei principi qualsiasi sia l'esperienza personale dell'autore.

Sento di dover chiarire un concetto: ***Nessun libro o scrittura può mai essere un sostituto per l'esperienza personale***. Non stiamo presentando questi principi come gli unici seguiti dall'universo. Essi sono semplicemente modelli che sembrano essere osservabili da tutti, ma non rifiutiamo nessun altra prospettiva, orientamento o punto di vista, a meno che tale orientamento o punto di vista non cerchino attivamente di limitare un'aperta e onesta ricerca individuale.

Anche all'interno del campo delle arti marziali, il Go Tao Chi non deve essere considerato una disciplina a sé stante. Ho insegnato Ninjitsu (una scienza marziale insegnata a coloro che aspirano al titolo di ninja) per Frank Dux. Molte persone hanno contestato la validità del Ninjitsu credendo erroneamente che sia insegnato come uno stile particolare, con un numero limitato di tecniche. In realtà non è così. Il ninja utilizzava qualsiasi tecnica che funzionasse e fosse appropriata al singolo praticante. Questo è lo stesso principio che ho seguito nello sviluppare il metodo dei cinque uccelli per le arti marziali e che seguo quotidianamente quando insegno, ed è così che Frank Dux ha sviluppato il suo programma FAAST (vedi la sua sezione alla fine del libro). L'applicazione pratica dei principi è il fulcro di ogni strategia di successo e il motivo per cui molti dei collaboratori hanno chiesto di far parte di questo libro.

"I cinque principi del tutto" deve essere pensato come nient'altro che un piano di comportamento generale. Se ho deciso di usare i movimenti di tai chi della forma Yang come base per lo sviluppo dei concetti del libro, è perché il beneficio che questi movimenti apportano avrebbe costituito un valore aggiunto alla mia teoria.

Il tai chi vero e proprio è comunque soltanto quello nato in Cina e tramandato tra i membri della famiglia che l'ha creato. Io ho potuto imparare sia esercizi "originali", sviluppati e tramandati dalla famiglia Yang, che altri tipi di tecniche che ho poi incorporato nella mia pratica. Ed esistono tante altre tecniche di cui sono tuttora all'oscuro.

Il mio Go Tao Chi si concentra poi su entrambe le estremità dello spettro di energia (totale rilassamento e tensione totale). Quello che mi interessa non è solo il *fare*, ma anche la *consapevolezza* del processo. Spesso inserisco nelle mie lezioni esercizi che non fanno parte di nessuna classe standard di tai chi, talvolta mettendo alla prova la memoria dei miei allievi da una classe alla successiva, perché in quelle lezioni in particolare voglio sottolineare l'importanza di prestare attenzione all'istruttore. Faccio la stessa cosa nelle mie lezioni di scrittura.

Le basi filosofiche della Go Tao Chi sono comunque i cinque principi del tutto, e gli obiettivi sono perciò simili. Ma quando insegno le arti marziali dei cinque uccelli o il tai chi dei cinque uccelli mi allontano spesso dai concetti taoisti e zen e parlo di cose più vicine alla quotidianità per spiegare meglio alcune cose: per questo non mi sento di dire che insegno tai chi nel senso proprio del termine. Diciamo che utilizzo il termine tai chi o altri termini simili, come per esempio la "meditazione di viaggio", per presentare i cinque principi in un contesto familiare e del quale ho esperienza, senza precludere la loro applicazione ad un'altra serie di campi.

Detto questo, devo aggiungere che in molti dei miei seminari e lezioni si parla della salute fisica come di un modo per capire quello che si può definire ***total fitness***, ovvero l'unione di giusti fondamenti, pensiero ed azioni.

Il principio fondamentale del Go-Tai-Chi sostiene che, per raggiungere i risultati migliori, tutti i movimenti sono rilassati. Si esercita una tensione solo in punti stazionari e in posizioni correttamente allineate. Questo deriva dal concetto che ogni azione, pensiero o forza motrice deve avere uno scopo. Nel caso dei cinque principi, dobbiamo chiederci qual è il nostro obiettivo ultimo. Per alcuni la risposta è la consapevolezza di sé, per altri il benessere, la salute, o l'autodifesa. In ogni caso, avere un'idea chiara di cosa stiamo cercando di realizzare è fondamentale per il raggiungimento dell'obiettivo.

Come già detto in precedenza, i cinque principi possono essere applicati a qualsiasi campo, qualunque sia il vostro interesse personale. È solo una questione di prospettiva e di enfasi. In questo libro, io e miei collaboratori facciamo spesso riferimento a una disciplina particolare che assorbe la nostra attenzione come "meditazione".

Quali interessi possono essere considerati una meditazione o un'arte? In senso lato, qualsiasi cosa che abbia come obiettivo il fitness totale e dove venga utilizzato il metodo di saturazione positiva a livello di memoria del corpo. In ogni disciplina "meditativa" l'obiettivo è quello di prendere grandi quantità di informazioni o grandi concetti e ridurli in pezzi più facilmente assimilabili.

Ci sono stati molti altri libri in passato che hanno trattato argomenti del genere. "Il libro dei cinque anelli" di Myamoto Mushashi e "L'arte della guerra" di Sun Tzu, per esempio, illustrano come tutte le professioni e strutture sociali si possano rapportare all'idea di conflitto. Entrambi, inoltre, utilizzano il numero cinque come dispositivo di memoria per illustrare i rispettivi principi fondamentali.

Un altro aspetto fondamentale del nostro approccio è l'intenzione di insegnare una cosa specifica all'individuo nella sua completezza e complessità chiarendo motivazione, prospettiva e contesto, per permettergli di coesistere in un gruppo. Questo sistema di insegnamento non si basa su ciò che è stato prescritto da un particolare maestro o esperto o su ciò che qualcun altro ci ha detto. Ogni concetto, per essere ritenuto valido, deve essere sentito o vissuto dall'individuo come una verità riscoperta a livello intuitivo. Le nostre azioni e i nostri pensieri sono gestiti dalle stesse cellule e dagli stessi sistemi che controllano e gestiscono le funzioni del corpo.

L'obiettivo fondamentale di questo libro è molto semplice: portare il lettore a sperimentare direttamente la validità dei cinque principi del tutto.

In tutte le mie lezioni, indipendentemente dal soggetto che sto insegnando, se mi rendo conto che la lezione non è efficace e il concetto non arriva agli studenti, cambio la lezione, non gli studenti. In questo modo, il prodotto si sviluppa naturalmente dal processo di creazione di forma. In altre parole, gli obiettivi individuali dello studente si fondono con quelli del maestro, a un certo punto. È la sottile differenza tra l'essere un buon genitore e avere la capacità di procreare. O, in termini di arti marziali è la differenza tra l'essere una cintura nera e un *sensei (*termine giapponese che indica un maestro venerato).

Ho già detto che i cinque principi del tutto sono come un progetto, per le somiglianze (e differenze) che ci sono di solito tra il progetto e il prodotto finito. Il progetto di una casa, per esempio, serve sia a dare un'idea generale dell'aspetto che avrà la casa che a delineare i requisiti strutturali. Si possono cambiare le porte, i colori delle pareti e i tessuti delle tende. Si possono anche spostare i muri e fare le stanze più grandi o più piccole, o cambiarne la forma. Tuttavia, se non si rispettano i requisiti di base e i codici di costruzione necessari per la costruzione di una struttura solida, si rischia di far crollare il tetto, incrinare il pavimento o fare finestre e porte che non si chiudono.

Ma è vero anche che una casa vera e propria e il progetto sono due cose diverse. Il progetto dà informazioni importanti sulla corretta costruzione e completamento del prodotto. Allo stesso modo, una casa non è necessariamente una casa vera e propria finché non le viene dato un certo tocco personale. Ogni abitante della casa determinerà come lo spazio è utilizzato, indipendentemente dal fatto che abbiano visto il progetto o meno.

Nei miei corsi di scrittura dico miei studenti che lo scopo primario di scrittura, conversazione o lettura è lo stesso, ovvero la comunicazione. Quando scriviamo (leggiamo o diciamo) una frase, paragrafo, saggio, discorso, sceneggiatura o poesia stiamo cercando di dire qualcosa a qualcuno. Ci sono un sacco di modi diversi per realizzare questo obiettivo base. Ci sono molti motivi che ci spingono a comunicare: dal comunicare un parere a formarne uno, dal dare informazioni raggiungere questi scopi è di per sé un comunicare qualcosa. Tutte le forme di comunicazione hanno dei punti in comune. Che si tratti di una frase, un paragrafo, un racconto o un saggio, ci sono sempre delle regole e delle strutture da seguire perché la comunicazione sia efficace.

Detto questo, vorrei sottolineare che non esistono maestri dei cinque principi del tutto, cinture nere, dottorati o master perché, anche se i cinque principi possono essere pensati come un progetto, non saranno mai comunque la casa vera e propria. I principi dimorano in ogni individuo e nella sua "meditazione, disciplina o prospettiva". Sta ad ogni individuo decidere come utilizzare gli strumenti che ognuno di noi ha a disposizione.

Lo studio e la contemplazione di questi cinque principi universali danno vita a (e sono stati a loro volta ispirati da) una filosofia del Fitness totale, che si sforza di trovare un terreno comune tra tutte le discipline.

Il metodo principale utilizzato per insegnare questo sistema si chiama *Concept Training*, e si basa sul semplificare idee complesse concentrandosi su somiglianze piuttosto che differenze. Nei miei corsi di arti marziali, per esempio, ho creato delle "mappe" o immagini per rappresentare i movimenti più complicati (un po' come gli schemi dei coreografi). Nei miei corsi di scrittura cerco di mettere lezioni complesse su una singola pagina, riducendole alle forme più elementari possibile (chiamate "capsule"). Per molti anni ho chiesto ai miei studenti di scrittura (e di arti marziali) di riassumere le loro "regole di vita" o "la lezione più importante mai imparata". Come parte dell'esame di cintura nera ai miei studenti di arti marziali viene richiesto di ricordare ogni momento ed ogni lezione significativa della loro vita che li ha portati a desiderare di ottenere la cintura nera. Ho chiamato questo processo "ricapitolazione" ispirandomi agli scritti di Carlos Castaneda, il quale a sua volta sostiene di aver imparato da uno sciamano della tribù degli Yaqui, Don Juan Matus. Qualunque sia l'origine del suo nome, un processo di questo tipo si è rivelato un ottimo modo per organizzare e incapsulare ogni momento come un'esperienza di apprendimento.

Sul mio sito web, Visione-Revisione (e su altre piattaforme), ho postato dei video clip in cui leader e insegnanti di varie discipline riassumono in circa due minuti quella che per loro è stata una lezione di vita fondamentale, in una serie di video messaggi che ho denominato "messaggi in bottiglia" e che contribuiscono a chiarire concetti complessi ma fondamentali, come il "conosci te stesso".

Studi recenti sul funzionamento del cervello hanno rivelato il ruolo fondamentale dei preconcetti nell'apprendimento: se ci aspettiamo di imparare cose nuove e preziose, in genere impariamo esattamente cose nuove e preziose. Questo particolare tipo di ottimismo è a sua volta un'abilità che si può apprendere.

Inoltre, tutti gli artisti marziali iniziano la loro formazione credendo che esista una stretta relazione tra corpo e mente. L'implicazione è che ci sia un'invisibile parte di noi "là fuori" che può essere vissuta dalla parte fisica, e che ci siano due parti di ogni persona. In generale, percepiamo queste due parti di noi stessi come separate finché non otteniamo un certo livello di consapevolezza su di uno o l'altro livello, e siamo quindi in grado di integrare queste parti nel concetto del tutto.

Pertanto, nelle arti marziali, movimenti del corpo e concetti vengono insegnati allo stesso tempo nella convinzione che, mentre queste due parti della nostra esistenza sono almeno all'inizio separate, dare la corretta attenzione ad una delle due parti porterà beneficio anche all'altra: un po' come leggere aiuta a scrivere e parlare meglio.

Nella comunicazione si dice che quando si impara a leggere meglio, quell'abilità sarà aiutare la loro scrittura e lingua e viceversa e così via.

Nella mia esperienza, il modo più semplice per effettuare la connessione tra un'idea e ciò che si sente si è rivelato essere il ridurre tutto a cinque concetti base. ***I cinque principi del tutto ci aiutano a coordinare ciò che sentiamo, pensiamo, crediamo e sappiamo con quello che facciamo.***

Un'ultima nota introduttiva: questo libro non intende essere esaustivo sui soggetti utilizzati come esempio né sul concetto dei cinque principi. Originariamente, il mio libro di filosofia delle arti marziali è stato scritto come una poesia intesa a rafforzare ciò che insegnavo in una lezione o in un video, e dare ai miei studenti l'opportunità di utilizzare la bellezza e la potenza delle parole come uno stimolo per la riflessione (e dare a me una scusa per dilettarmi con la scrittura).

Lo scopo di questo libro e le sue dimensioni sono cresciuti su richiesta. Il risultato finale è molto più complesso di quello che era il materiale originariamente a disposizione dei miei studenti, ma il concetto di fondo non è cambiato. Gli esempi riguardano sempre la mia prospettiva e i miei interessi individuali. Io sono un insegnante/scrittore/maestro di arti marziali, per cui l'istruzione, le interazioni sociali e il potere delle parole sono sempre di primaria importanza nei miei esempi. Pur essendo basato sui miei interessi, questo libro è diventato a sua volta una fonte di interesse e valore per tutti coloro che cercano di organizzare la propria strategia di vita.

Ricordate, la maggior parte delle lezioni di cui parlo mi sono state impartite quando ero un giovane studente, e le ho ignorate finché non si sono rivelate necessarie. Le idee di "concept training" e delle "recensioni in capsula", e persino quella dei cinque principi come base di tutto, le ho elaborate a seguito di esperienze personali. Per esempio, ho subito un incidente d'auto che mi ha provocato una commozione cerebrale e lesioni alla schiena e al collo che mi hanno portato a dimenticare gran parte della mia formazione e impedito di eseguire movimenti che avevo considerato l'apice della formazione. Sono anche un dislessico che ha imparato a leggere e ad amare parole seguendo una mia metodologia personale. Le "mappe" e le "capsule" mi sono servite a re-imparare cose che avevo dato per scontato.

In breve, l'insegnamento dei cinque principi del tutto si è sviluppato man mano che sono diventato uno studente e un insegnante migliore, con la consapevolezza che essere un vero insegnante sia una vocazione. Per essere un vero maestro è importante capire che si hanno delle responsabilità, su vari livelli. Ricordate che tutti abbiamo qualcosa da insegnare e da imparare dagli altri. Trasmettere le proprie conoscenze per il beneficio degli studenti rende l'insegnamento un'avventura molto più nobile: proprio come il diventare un funzionario eletto per il bene della circoscrizione rende l'entrare in politica una vocazione.

Inoltre, è importante capire le *motivazioni* di coloro che vogliono imparare, a qualsiasi livello e per qualunque lasso di tempo. Una cosa molto preziosa che ho imparato con l'esperienza è che alcuni studenti imparano meglio attraverso la parola scritta, mentre altri traggono più beneficio da altre modalità di apprendimento.

Ogni buon insegnante o studente sa che qualsiasi lezione si impara meglio se su più livelli. Una modalità non sostituisce un'altra, ma la rinforza offrendo un'altra prospettiva.

Infine, penso che i cinque principi del tutto siano rappresentati, in parte, dai nostri comportamenti. Per questo motivo, le relazioni studente-insegnante (o padre-figlio, datore di lavoro-dipendente, cittadino-emissario, commerciante-cliente, fornitore-beneficiario) sono parte del flusso naturale della vita, e così sono le nostre competenze di socializzazione.

Pertanto, anche se gli obiettivi ultimi possono essere molteplici e diversi tra loro, le lezioni di gruppo hanno un ruolo importante. Comunicazione e interazione sono bisogni umani fondamentali. Sarà chiara alla fine la relazione tra tutte le lezioni frequentate (sia di gruppo che private) e la riflessione individuale profonda con i principi di questo libro. I tre segreti per rendere i cinque principi del tutto una parte preziosa della tua vita sono gli stessi che valgono per tutto il resto...Pratica, pratica e pratica.

Ed ora passiamo ai cinque principi e al modo in cui si relazionano l'uno con l'altro, seguendo un principio che ha avuto eco in tutta la letteratura: "è sempre meglio cominciare dall'inizio".

I cinque uccelli nel sistema dei cinque uccelli sono l'Aquila, il falco, l'avvoltoio, il corvo e il gufo. I cinque obiettivi del guerriero (che questi uccelli, parzialmente, rappresentano) sono lo spirito, l'onore, il coraggio, l'abilità e la capacità di adattamento. Tutti questi uccelli rappresentano differenti percorsi per raggiungere lo stesso obiettivo. Li osserviamo non cercando di copiare il loro comportamento, ma per scoprire i punti di contatto tra il loro comportamento e il nostro e quale uccello riflette la nostra tendenza naturale.

-GFR

Capitolo 1

Il Principio della Consapevolezza Applicata

Una semplice definizione di questo primo principio è: ***le nostre azioni sono influenzate da ciò che pensiamo e sentiamo.*** Questa affermazione può sembrare piuttosto ovvia: si ha spesso l'impressione che la validità di un concetto sia ovvia e verificabile a livello intuitivo. Un modo per verificare che si tratti effettivamente di un concetto valido è provare ad esprimerlo in termini semplici. Se un concetto è talmente complicato da non poter essere espresso e quindi compreso in maniera semplice e immediata, può apportare ben pochi benefici.

L'uomo sembra sempre tendere verso una maggiore consapevolezza e verso lo svelare i meccanismi di questa stessa consapevolezza. Chi si proclama unico detentore della verità o minaccia di interferire con il nostro naturale desiderio di conoscenza, sia esso un individuo o un'organizzazione, deve essere guardato con sospetto.

Albert Einstein disse che lo scopo della scienza è darci un assaggio del funzionamento dell'universo. Scienza, arte e verità spirituale (derivante dalle arti marziali o altrimenti) non sono in contraddizione tra loro. Sono tutte tese a trovare risposte alle molteplici domande che l'umanità, per sua natura, si pone.

Siamo in definitiva consapevoli del fatto che il nostro concetto di vita sia direttamente correlato al concetto di "consapevolezza applicata". Diamo molto valore a fatti, dati o competenze applicate, come dimostrato dal fatto che riconoscimenti e lavori di alto livello vengano assegnati a coloro che dimostrano una maggiore conoscenza o capacità di usare tale conoscenza per un beneficio comune.

Tuttavia, i fatti non bastano a costituire la consapevolezza: vanno integrati con la capacità di *applicare* ciò che si è imparato e dimostrare ciò che si ritiene essere vero. Perciò il principio della consapevolezza è spesso denominato "principio della consapevolezza applicata".

Questo principio deriva dalla convinzione che la consapevolezza, nelle sue molteplici forme e livelli, sia ciò che distingue gli esseri umani dalle altre creature del pianeta Terra. La capacità di percepire il mondo intorno a noi, di essere consapevoli di noi stessi e sensibili all'ambiente circostante, di analizzare e pensare in modo creativo, di desiderare, programmare, prevedere e mettere a fuoco la nostra attenzione: questo è ciò che costituisce la nostra essenza.

La Consapevolezza può essere pensata sia come il veicolo che come il carburante della nostra esistenza. Può essere sia diretta esternamente che applicata internamente. Ci fa chiedere cosa potrebbe esserci oltre la prossima collina, e ci motiva ad andare a guardare oltre quella collina. Quando raggiungiamo un obiettivo, confrontiamo le informazioni raccolte lungo il cammino con i nostri preconcetti per fare una stima di ciò che abbiamo raggiunto. Per dirla al modo dello Zen koan, "Guardati intorno per vedere dove ti trovi, guarda dove stai andando e ricorda dove sei stato".

La consapevolezza è un elemento essenziale per raggiungere la vera felicità, poiché la non-consapevolezza non ci fa capire quando siamo felici e non ci permette di essere soddisfatti.

Ci sono, naturalmente, vari livelli e applicazioni di questo principio. Si potrebbe dire che cose come pensare, argomentare, pregare, desiderare, mettere in discussione, credere, sapere, così come meditare, prendere a cuore qualcosa o qualcuno, offrire comprensione, capire e porsi domande sono tutti livelli di consapevolezza applicata, seppur diversi tra loro e facenti riferimento ad ambiti diversi.

Ci sono un paio di punti che vale la pena ripetere: la capacità di scambiarsi strategie o di dire la stessa cosa in vari modi sono strumenti base del concept training. Ma la cosa ancora più importante è che il concept training nasce direttamente dall'accettazione del principio di consapevolezza applicata.

Mantenere in vista gli obiettivi.

Il primo dei cinque principi del tutto implica che gli esseri umani siano sempre mossi da un obiettivo. Sono stati in molti a contestarmi su questo punto, e sono stato costretto a dire loro, come ribadisco ora, che se non si è d'accordo su questa affermazione e non la si riesce ad accettare, non si può trarre alcun beneficio dall'utilizzo dei cinque principi del tutto.

Se invece si riesce ad accettare che gli esseri umani siano sempre mossi da un obiettivo, una delle cose che aiuteranno maggiormente ad avere successo è l'avere un quadro chiaro dell'obiettivo che si sta cercando di raggiungere. Più è chiara l'immagine che abbiamo dei nostri obiettivi, più è probabile che li raggiungeremo. Una delle prime domande che vengono poste in un brainstorming o in una sessione di consulenza è: che cosa stai cercando di realizzare? Qual è il tuo obiettivo?

Parleremo in seguito degli altri principi del tutto, come il trovare la forma di espressione migliore e il come il concetto di movimento sia radicato nei nostri sistemi. Tuttavia, è importante ricordare che i cinque principi sono sempre reciprocamente inclusivi. Concentrarsi su un unico principio o addirittura credere che un principio individuale sia l'obiettivo stesso è sbagliato. Nessuna singola interpretazione di un principio può considerarsi "corretta" se viola anche solo un altro principio. Se il nostro obiettivo, per esempio, è quello di impedire a qualcuno di esercitare la propria libertà, stiamo violando uno dei principi fondamentali. Allo stesso modo, se ci rendiamo conto che il nostro obiettivo è quello di interferire con l'obiettivo di qualcun altro, dovremmo anche renderci conto che c'è un problema di fondo. Se il successo di un dipartimento dipende dal fallimento di un altro, il business plan è tutto da rifare.

Mantenere il nostro obiettivo in vista è un'applicazione di consapevolezza applicata che possiamo facilmente misurare per noi stessi. Se non siamo costanti o se si cambia direzione nel bel mezzo di un'attività, potremmo non realizzare mai niente; e il valore di una vita si misura spesso in base a ciò che si è realizzato. Cercare di seguire i cinque principi in tutto ciò che facciamo non è un'attività specifica, ma piuttosto un modo di vedere ciò che facciamo come un modo di trovare modelli di comportamento per il raggiungimento del successo, e confrontare il nostro comportamento con quei modelli.

Il punto di partenza in questa ricerca è la consapevolezza che ogni persona è unica e apprende in modo diverso. Le persone per esempio si allenano (o evitano di farlo) per motivi diversi. Hanno corporature diverse, punti di forza e di debolezza. E sono ugualmente molteplici gli obiettivi per cui una persona può intraprendere lo studio delle arti marziali, dall'autodifesa all'autoconsapevolezza. L'approccio dei cinque principi non solo rispetta l'individuo: chiede all'individuo di riconoscere la propria unicità.

Osservare i cinque principi del tutto offre l'opportunità di fare un passo indietro e filtrare ciò che stiamo osservando ponendoci delle domande fondamentali: qual è il mio obiettivo? Quello che sto facendo mi sta aiutando a raggiungere il mio obiettivo senza violare altri principi? Tenendo ben presente questo concetto, si possono benissimo utilizzare i cinque principi per la propria carriera o vocazione, così come per ogni pensiero e attività conformi ad un naturale processo umano. È sempre preferibile fare ciò che funziona ed è naturale per noi piuttosto che lottare contro il flusso delle nostre tendenze spontanee.

Assunzione di responsabilità.

Assumersi le proprie responsabilità è un altro livello di consapevolezza applicata che ha bisogno di essere discusso più a fondo. Quando accettiamo responsabilità per le nostre azioni, scelte e persino sentimenti, veniamo immediatamente proiettati nella realtà presente dei nostri pensieri, azioni ed emozioni. Per questo motivo, seguire i cinque principi esalta il valore dell'individuo in quanto si riferiscono al quadro generale e incoraggiano ogni persona a ricercare dei modelli che rivelano come quelle azioni, pensieri e sentimenti siano in sintonia con quelli universali.

Pensate a chi si dichiara assolutamente contrario all'esercizio e alla dieta e a coloro che invece si dedicano completamente a queste stesse attività: troverete che questi ultimi le hanno inserite in un quadro generale positivo piuttosto che vederle come un compito o un'imposizione. Questo ci può dare un'idea dei vantaggi di pensare in termini di consapevolezza applicata.

Sono molte le persone che dicono di odiare la matematica, la scrittura o il fare esercizio. Invece di costringere uno studente ad eseguire compiti specifici (che lo studente può anche sapere utili, ma percepisce ancora come estremamente negativi), un buon insegnante proverà a deviare la loro attenzione su un'attività verso la quale lo studente ha un atteggiamento più positivo. In gergo educativo moderno, questo si chiama "apprendimento contestualizzato".

Per esempio, invece che a correre, un insegnante potrebbe portare gli studenti a raccogliere erbe, o istruirli nella mediazione di movimento (un argomento generale). Mentre studiano animali e piante selvatiche possono anche imparare la corsa come una forma di meditazione, che permette di concentrare la mente su una serie di attività correlate. In questo modo, respirare, visualizzare, posizionare le mani, mettere a fuoco lo sguardo, ascoltare i suoni del respiro, osservare il meteo possono aiutare ad educare la mente e il corpo separatamente, ma sulla stessa attività e senza il bagaglio negativo normalmente associato a quell'attività. Ci sono così tanti dettagli interessanti e aspetti da considerare in ciascuna di queste attività che uno non si accorge di stare anche correndo (o camminando, attività ugualmente benefica).

In altre parole, nell'ottica dei cinque principi non si consiglia mai a qualcuno di fare qualcosa per *fare esercizio*. Tuttavia, si consiglia spesso di correre o camminare perché si tratta di naturali espressioni del movimento che possono essere necessarie per raggiungere il vostro obiettivo. L'esercizio aerobico, su un livello puramente fisico, è notoriamente molto prezioso per il benessere generale: se il vostro obiettivo è la salute, fare attività aerobica è un ingrediente importante. Persone che dicono di odiare la corsa o di non sopportare neanche l'idea di correre finiranno probabilmente per camminare o raccogliere erbe per ore, coprendo grandi distanze e ottenendo in maniere alternativa il livello di esercizio necessario per mantenere una buona salute fisica. E in definitiva, è proprio quello che stavano cercando di realizzare. Come ci siano arrivate, non è importante. L'idea che non si possa ottenere niente senza sforzo e dolore è pertanto falsante. Sappiamo che la consapevolezza, se applicata correttamente, è sempre utile. Il dolore può essere un modo che il corpo utilizza per proteggersi da ulteriori lesioni. Nell'ottica dei cinque principi, il dolore è una consapevolezza che aiuta ad evitare dolori ulteriori, maggiori nonché inutili.

È importante anche non perdersi tra le sfumature di un obiettivo generale. Prendiamo ad esempio il campo dell'istruzione. Nei giorni che furono (uso questo termine con i miei studenti più giovani per definire qualsiasi momento prima del presente o prima che un individuo acquistasse consapevolezza) gli studenti cercavano insegnanti che trasmettessero loro un particolare "sistema o pattern" da poter usare in seguito per integrarsi nella società. Alcuni studenti sono poi diventati accademici, altri lavoratori manuali, con tutte le diverse sfumature di abilità e occupazioni tra un estremo e l'altro. Se uno studente trovava un insegnante che sembrava insegnare cose inutili, o cambiava insegnante o arrivava a disprezzare ogni insegnamento impartito. La dinamica studente-insegnante determinava in maniera considerevole il successo o il fallimento dell'individuo nel perseguimento dei propri obiettivi. Quelli che avevano una chiara comprensione del processo di apprendimento e dell'obiettivo finale dell'istruzione e seguivano i modelli stabiliti attraverso un sistema di tentativi pratici, erano quelli che avevano più probabilità di trarre beneficio dall'insegnamento. Oggi sono in molti (individui, gruppi e organizzazioni) a proclamarsi *educatori* che perseguono l'istruzione come obiettivo primario. Ci sono tutta una serie di istituzioni politiche e organizzazioni sociali la cui funzione principale è lo stabilire misure, strutture e regole per l'apprendimento. Non c'è niente di male ad avere strutture o regole o addirittura burocrazie, purché possano rispondere onestamente alle domande "che cosa si sta realmente cercando di realizzare?" e "È quell'obiettivo coerente con tutti i cinque principi?" Questo significa che ogni sfumatura del sistema deve essere diretta verso lo stesso obiettivo, se è veramente parte della stessa cosa. È per questa ragione che la missione di molte strutture di successo è un riassunto chiaro e conciso degli obiettivi dell'organizzazione.

Gli elementi più importanti per determinare la buona riuscita di istruzione sono gli studenti stessi e, in misura leggermente minore, gli insegnanti. I consigli scolastici non sono strettamente interessati all'istruzione ma piuttosto alla gestione dell'organo educativo, così come i sindacati sono stati creati per tutelare gli insegnanti come figure professionali. Entrambi hanno una funzione importante e obiettivi di tutto rispetto, ma i loro membri non possono dirsi educatori, per il semplice motivo che l'istruzione non è il loro obiettivo ultimo.

Insegnanti e studenti sono gli unici partecipanti al processo educativo. Mantenere in vista l'obiettivo è un concetto base in qualsiasi materia e disciplina. Lo studio delle scienze, per esempio, richiede determinati strumenti, competenze e impostazioni mentali. Non si dovrebbe essere costretti ad applicare gli stessi parametri a cose che in realtà non hanno a che fare l'una con l'altra solo perché una burocrazia esterna sta cercando di forzare obiettivi e punti di riferimento all'interno di quella determinata equazione.

In ogni caso, la nostra percezione mentale determina, in parte, il risultato che otteniamo. Si è detto spesso che per raggiungere un obiettivo si deve averne un'idea ben chiara e crederci. La bellezza di verificare questa teoria con il nostro corpo è che i risultati si possono sentire fisicamente, non solo capire a livello teorico.

A lezione di autodifesa si imparano varie tecniche che gli insegnanti hanno a loro volta imparato dai loro maestri, o creato basandosi su ciò che hanno assimilato da essi. Ogni volta che osservo una classe di arti marziali e sento un istruttore dire: "il mio maestro lo faceva in questo modo, ma io lo faccio in modo diverso perché...", o consigliare ad una donna o un bambino di variare una tecnica perché la loro struttura corporea e quindi le loro forze e debolezze sono diversi da quelli di gran parte degli studenti maschi adulti, so che quella lezione è basata su di un sincero desiderio di insegnare e quindi sulla comprensione dei cinque principi.

Quel maestro sa che gli obiettivi, le competenze e le abilità fisiche degli studenti possono essere notevolmente diversi da quelli del maestro. Non tutti studiano arti marziali per imparare a difendersi e combattere o per titoli o certificati. Alcune persone vogliono solo fare un buon allenamento. Molti iniziano a studiare arti marziali con solo una vaga idea di che cosa vogliono realizzare, e ciascuno dà pugni e calci per motivi diversi. Molte scuole di arti marziali sono gestite da insegnanti che iniziano il loro percorso offrendo quello che credono essere un prodotto tradizionale, ma finiscono per dover offrire anche servizi e prodotti di altro tipo per far fronte alle difficoltà finanziarie. Ognuno dovrebbe stabilire il proprio obiettivo sin dall'inizio e mantenerlo come punto di riferimento. Certamente, gli obiettivi cambiano così come noi stessi cresciamo e cambiamo. Uno studente di arti marziali potrebbe cominciare a seguire le lezioni per un motivo, ma continuare poi a frequentarle per un motivo completamente diverso. Uno studente universitario potrebbe scegliere un determinato percorso accademico, ma finire per sviluppare la propria carriera lavorativa in una direzione diversa; e la laurea ottenuta potrebbe diventare nient'altro che la prova tangibile del fatto che sia riuscito a portare a compimento un percorso accademico. Questo concetto si collega al quinto dei cinque principi del tutto, di cui si discuterà in una sezione successiva.

Per ora, diciamo che la consapevolezza è una strada a doppio senso. Se diventiamo consapevoli, la nostra consapevolezza può essere indirizzata al miglioramento dei nostri risultati. Man mano che si familiarizza e ci si esercita nella pratica dei cinque principi, questo si può verificare di persona concentrando la nostra consapevolezza su diverse parti del corpo. Poi, con la pratica, si arriverà ad associare le varie tecniche, metodi, sistemi e applicazioni con sensazioni di benessere generale, salute e relax o anche maggiore energia o riduzione del dolore. La bellezza di questo modo di pensare è che ognuno di noi può decidere, e ognuno di noi si assume delle responsabilità.

Fiducia in te stesso-

La capacità di fiducia in se stessi è un altro famoso concetto motivazionale che in realtà è solo una variante del principio di consapevolezza applicata. È risaputo che l'insicurezza è praticamente garanzia di fallimento. Nell'ottica dei cinque principi, l'esperienza dell'individuo e la sua interpretazione di successo sono di primaria importanza. Inoltre, la vera prova dell'efficacia di un sistema è il modo in cui si rapporta all'individuo. La valutazione aperta, onesta e informata è ben diversa dalla fiducia cieca ed ignorante. Sono molti gli esempi di guru e sedicenti leader che indirizzano moltissime persone sulla strada sbagliata.

Ho scritto la mia tesi di master in letteratura inglese sulle opere di Carlos Castaneda, concentrandomi sull'impatto della sua scrittura e sulla bellezza di alcuni dei concetti espressi da un punto di vista letterario.

Molti individui seguirono gli insegnamenti di Castaneda alla lettera (secondo quanto riferito da un anziano maestro denominato Juan Matus, che ha ricevuto a sua volta questi insegnamenti da maestri precedenti) che, a detta di Castaneda, sono stati tramandati, dai tempi antichi per lo scopo specifico di permettere a Castaneda e ai suoi pochi collaboratori fidati di avere abbastanza "potenza" per poter spezzare le catene dell'umanità e di *sfidare la morte*.

Molte delle tecniche insegnate da Castaneda erano contrarie ai cinque principi che stiamo discutendo qui, e suoi seguaci non si chiedevano semplicemente, "che cosa sto cercando di realizzare con il mio comportamento?". La morte di Carlos Castaneda ha lasciato molti dei suoi seguaci con una sensazione di vuoto e la convinzione di aver sprecato anni della loro vita seguendo un falso profeta. Tuttavia, alcuni hanno preso quello che c'era di buono e utile negli insegnamenti di Castaneda e hanno creato i propri modelli che non violavano nessuno dei cinque principi. Quando un seguace diventa un maestro e si assume la responsabilità di quel ruolo, ha raggiunto l'illuminazione. Questo solitamente è di beneficio per tutti, compresi e, soprattutto, gli studenti stessi.

Fortuna del principiante-

Avrete probabilmente sperimentato in prima persona la fortuna del principiante ad un certo punto della vostra vita. Provate a fare qualcosa per la prima volta e riuscite, ma poi fate fatica ad ottenere gli stessi risultati. Alcune persone credono che i principianti siano semplicemente più fortunati e che inevitabilmente, con la pratica, arriverà anche il fallimento. Altri credono che il successo dei principianti sia dovuto alla fiducia che hanno negli insegnanti e alla mancanza di un'idea chiara di fallimento in quel campo. Ricordo che quando avevo dieci anni mio padre mi insegnò a giocare a golf. Senza darmi istruzioni più precise, mio padre mise una palla sul tee e mi disse di colpirla con la mazza e farla andare verso la bandiera che vedevo in lontananza.

Feci come mi aveva detto e la palla atterrò a meno di un metro dalla buca. Quando la raggiungemmo, mio padre mi disse di spingere la palla nella buca con un'altra mazza (il putter). Feci di nuovo come mi aveva detto, non sapendo che avevo appena segnato quello che mio padre chiamò "un'aquila". Il suo volto s'illuminò, pensando che suo figlio fosse un prodigio del golf, e cominciò a insegnarmi come impugnare la mazza, come intrecciare le dita e allineare il pollice, che postura tenere, come far ruotare la mazza eccetera. Non sono stato mai più in grado di ricreare quel successo iniziale, né di apprezzare il gioco del golf.

Dobbiamo ricreare quella spensierata innocenza per ogni azione che ci apprestiamo a compiere. "Il bambino è padre dell'uomo" è una frase giudaico-cristiana che riassume questo concetto. Se comprendiamo il significato di consapevolezza applicata in questa luce, siamo sulla buona strada per utilizzare il primo principio del tutto.

C'è un gioco di arti marziali di mia invenzione che ho chiamato "cattura il coniglio", in cui si utilizzano una serie di piccoli sacchi riempito con materiali diversi e in quantità diverse. Uno contiene fagioli e tre chili d'acciaio. Un altro fagioli e palle di legno. Un terzo ha una sorta di rivestimento interno che fa scappare dalle mani il sacchetto (da qui il nome del gioco), e così via. Nonostante ogni sacco sembri uguale agli altri e "suoni" allo stesso modo, tutti devono essere afferrati e lanciati in modo diverso a causa delle loro differenze di peso e di riempimento. Ogni partecipante al gioco deve prestare attenzione sia al lancio che alla cattura, dandovi la stessa importanza. Questo esercizio insegna molto sulle tecniche di blocco e pugno. Gli adulti sono spesso riluttanti al gioco, mentre i bambini vi partecipano con più entusiasmo. Sia adulti che bambini devono però giocare e giocare bene, perché ci sono troppi sacchetti provenienti da troppe direzioni per potersi distrarre e giocare male. Quello che non viene detto ai partecipanti è che con questo esercizio stanno imparando la differenza tra il concentrare e l'espandere la loro consapevolezza. Come viene trasmesso questo messaggio? Dopo un breve lasso di successo, in cui il partecipante riesce a gettare e afferrare accuratamente i sacchi con entrambe le mani (cosa che la maggior parte degli adulti all'inizio del gioco dicono di non essere in grado di fare), agli studenti viene chiesto: "In quale momento decidete in che modo afferrare il prossimo sacco?". A causa dei diversi pesi e contenuti dei sacchi, ogni sacco deve essere afferrato e lanciato in maniera diversa. Ma quando deve avvenire la decisione? La risposta è: *al momento del contatto*. Il sacchetto riempito di acciaio deve essere "lasciato avvicinare" il più possibile, mentre il "coniglio" deve essere afferrato rapidamente con la punta delle dita. Se il "sacchetto coniglio" arriva a colpire il palmo, rimbalza e atterra sul pavimento. Quello riempito di palle di legno dovrà essere trattato in modo ancora diverso, dato che non può né essere afferrato né lasciato avvicinare troppo (perché anch'esso sfuggirebbe di mano). Per effettuare lanci e prese efficaci si deve espandere la consapevolezza fino a percepire contemporaneamente tutti i sacchetti e il singolo sacchetto che si sta per afferrare o lanciare. È un ottimo modo per vedere e sentire come la consapevolezza possa essere diretta sia internamente che esternamente, e simultaneamente ampliata e focalizzata. È uno dei modi migliori che abbia mai trovato per insegnare questa importante lezione. Ogni buon imprenditore sa che sia dettagli sia quadro generale devono essere tenuti sempre in considerazione per ottenere buoni risultati. Nella meditazione, la consapevolezza di questo concetto può richiedere anni di pratica. Di coloro che raggiungono questo livello di consapevolezza si dice che abbiano intravisto il nirvana.

Si può addirittura insegnare ad un partecipante al gioco ad afferrare i sacchetti bendato, anche in pochi minuti. Di solito i bambini affrontano la prova con molto più entusiasmo degli adulti, che hanno molti più preconcetti di fallimento e sono spesso più difficili da convincere. Ma nei miei decenni di esperienza di insegnamento, non ho ancora fallito nessun primo tentativo di insegnare a *chiunque* come realizzare questo compito incredibile. Venite ad un seminario sui cinque principi, e uno dei miei istruttori certificati o io stesso vi mostreremo come fare.

Un atteggiamento positivo-

Alcune persone nascono con un atteggiamento positivo, altre devono svilupparlo. Esistono vari libri e tecniche per aumentare e consolidare un'immagine positiva di sé. Indipendentemente dal fatto che siate nati con una disposizione positiva o stiate lottando per raggiungerla, essa non è altro che una sfumatura del principio di consapevolezza applicata.

Un altro punto importante è il seguente: i principi lavorano sia dall'interno verso l'esterno che viceversa. Datevi almeno l'opportunità di sviluppare un atteggiamento positivo, affermando che è possibile.

Nella maggior parte dei programmi di recupero cosiddetti "dei dodici passi" si sente spesso parlare di "guarigioni miracolose". Nei cinque principi non si parla di miracoli, ma si incoraggia di partire sempre da una prospettiva positiva. Gli ostacoli si presenteranno sempre in modi diversi a persone diverse, ma concentrarsi solo sugli ostacoli equivale ad infilarsi in un vicolo cieco, oltre ad essere una violazione del principio base di consapevolezza.

Più lavorerete in questa prospettiva, più trarrete vantaggio e, di conseguenza, meno dovrete lavorare. Esercitatevi in tutte le tue lezioni come se fossero tutte della massima importanza, pensando che trarrete giovamento da ognuna di esse e che vi siete posti al centro del fiume del successo. Da quel punto in poi non dovrete fare altro che badare a gli ostacoli e lasciarvi trasportare dal fiume. Ricordate, il cercare sempre di risolvere problemi è una caratteristica innata del genere umano, ed indice del desiderio di collaborare con le "cose del mondo". Ogni volta che uno studente mi chiede se il futuro sarà migliore o peggiore del presente, non esito mai a rispondere che sarà migliore: non solo perché l'ottimismo è un atteggiamento sempre e comunque migliore del pessimismo, ma anche perché è nella natura dell'uomo il tentare di risolvere i problemi e migliorare lo stato delle cose.

Il prestare attenzione-

Nella prospettiva dei cinque principi si presuppone l'esistenza di vari livelli di concentrazione. Più si è in grado di concentrarsi (o, nel gergo introdotto da Carlos Castaneda, di focalizzare gli intenti), maggiore sarà il risultato. Crediamo anche che la nostra attenzione possa essere concentrata su parti specifiche del nostro corpo, o su compiti specifici personalizzati a seconda dell'individuo e delle sue esigenze. Predisporsi a prestare attenzione è fondamentale, sia che detta attenzione sia rivolta all'altro, a noi stessi, o a un singolo aspetto di qualsiasi sistema. Qualsiasi cosa richiede pratica ed esercizio, persino il fallimento. Se ci si esercita (si pensa, si agisce o si sente) negativamente, il risultato rischia di essere negativo. Molti insegnanti enfatizzano l'importanza di praticare perseguendo la perfezione. Per la maggior parte di noi, la strada verso la perfezione spesso inizia con una determinazione volenterosa a concentrarsi sul punto di partenza.

Un esercizio per sperimentare la "consapevolezza

controllata" o il "diventare consapevoli della connessione tra mente, corpo e spirito" consiste nel rilassare una parte isolata del corpo, per esempio la mano destra. Continuate a contrarre e rilassare la parte del corpo scelta fino a quando diventa stanca e comincia a formicolare o bruciare. Poi lasciate improvvisamente rilassare quella parte del corpo, e spostate la vostra attenzione su di un'altra parte (la mano sinistra, per esempio). Cercate di trasferire la sensazione che provavate quando la mano destra era in tensione alla mano sinistra soltanto guardandola o concentrandovi tutta la vostra attenzione.

Vedrete che sarete facilmente in grado di spostare la sensazione di formicolio da una mano all'altra solo con il pensiero. E ciò che è ancora più sorprendente è che la mano destra, stanca fino ad un momento prima, sarà rilassata e verrà dimenticata, e con essa la sensazione di stanchezza o formicolio.

Consapevolezza di sé e "seconda attenzione"-

Nell'ottica dei cinque principi del tutto, ci sforziamo di raggiungere sia la consapevolezza di noi stessi (la capacità di concentrarci internamente) che una maggiore consapevolezza del mondo intorno a noi (la capacità di espandere la consapevolezza esternamente). Quando arriviamo a comprendere questa dualità, raggiungiamo una sorta di consapevolezza elevata che può essere denominata "seconda attenzione", un modo nuovo di concentrarsi su più di un'attività, movimento o concetto simultaneamente *ma avendo come finalità un unico scopo.* Il termine "seconda attenzione" si trova anche negli scritti di Carlos Castaneda, ma non fu lui ad elaborare il concetto. Nell'ormai famoso *Libro dei cinque anelli* di Miyamoto Musashi si parla di un modo di essere che è "aperto a tutti ed otto gli angoli". Musashi fu un maestro di spada giapponese del quindicesimo secolo. Il suo *Libro dei cinque anelli* è un must per gli uomini d'affari americani di oggi che vogliono imparare come funziona la mente di un uomo d'affari giapponese. Musashi insegnava e praticava il combattimento con la spada non come un modo per sconfiggere gli avversari in battaglia, ma come una via verso la presa di coscienza di un nuovo modo di vedere la vita. Un altro testo di arti marziali risalente a circa lo stesso periodo e composto ad Okinawa, noto come il *Bubishi,* misura il successo in base al raggiungimento dello stato di *mushin*, o "assenza di mente".

Oggi diciamo che il nostro perseguire l'essenza indescrivibile della vita inizia dall'atto di consapevolezza controllata, o del prestare attenzione. Musashi diceva che ciò che aveva imparato dalle lotte tra la vita e la morte nei combattimenti con la spada poteva essere applicato a qualsiasi campo, e che se un individuo ha combattuto con una spada, dovrebbe essere convinto del fatto che "non esista nessun blocco, solo tagli". Per Musashi, era essenziale che suoi studenti capissero che il loro unico obiettivo era quello di tagliare il loro avversario. Non c'era alcuna ragione per bloccare la spada dell'avversario perché la spada, di per sé, non era un pericolo. La persona che teneva la spada era l'avversario: e qualsiasi movimento doveva essere incentrato sull'attaccare e "tagliare" l'altra persona.

Musashi ha anche introdotto un concetto completamente nuovo nella cultura Samurai, ovvero l'uso simultaneo di due spade, noto come "niton ichi ryu" ("due spade come una"). Considerando che altri Samurai usavano solo il katana per combattere e riservavano solo al suicidio la piccola spada che portavano alla cintura, con Musashi si ritrovarono a brandire armi di taglio con entrambe le mani. La sua logica era "se hai due spade, devi usarle entrambe". Questo modo di pensare lo ha reso leggendario, e, secondo la leggenda, imbattibile.

Una volta accettato il principio di consapevolezza applicata, la conoscenza di se stessi e degli altri diventano esse stesse strumenti di potere. Pur non essendo potere in senso proprio, la conoscenza, a qualsiasi livello, può rinforzare il potere. Anche i dettagli a prima vista più insignificanti possono sempre rivelarsi utile.

"Per me esiste solo il cammino lungo sentieri che hanno un cuore, lungo qualsiasi sentiero che abbia un cuore. Lungo questo io cammino e la sola prova che conta è attraversarlo in tutta la sua lunghezza. E qui io cammino guardando, guardando senza fiato". Don Juan Matus, tratto da *Gli insegnamenti di Don Juan* di Carlos Castaneda.

Capitolo 2

Il Principio del Flusso, Movimento o Azione

Una volta accettata l'esistenza dell'energia, alla base di questo principio giace la semplice affermazione che l'energia (in tutte le sue forme) si muove o scorre. Tutti i principi di base hanno sottili sfumature di significato e numerose applicazioni, e il principio del flusso non fa eccezione. Si fonda sull'idea che l'energia favorisca il movimento: tutte le strategie, piani, equazioni e teorie che decidiamo di affrontare implicano il movimento di qualcosa, anche solo del tempo.

Un'altra sfumatura di questo concetto sta nel chiederci "che cosa ci si muove? Che cosa spinge le nostre azioni? In che modo la mia strategia personale motiva o genera emozioni negli altri?". Aristotele già si poneva queste domande, e ce le stiamo ancora facendo al giorno d'oggi. Come mai? Perché queste domande sono radicate in quegli stessi cinque principi che sono alla base dello sviluppo umano.

Poiché siamo umani, sentiamo la necessità di cercare di stabilire un valore prioritario per le nostre azioni. Con il principio del flusso, inizieremo la nostra discussione chiedendoci in primo luogo come e perché l'energia scorre. È importante notare che rispondere a questa domanda non garantirà soddisfazione o felicità, ma il porsi domande sembra essere aspetto integrante della natura umana, in quanto parte del processo di raccolta di informazioni o di presa di coscienza.

Per dimostrare che il principio del flusso si applica a qualsiasi strategia, dobbiamo cominciare con la semplice accettazione che l'energia, detta anche *chi* o essenza di vita, esiste davvero.

Alcune persone credono che non si possa provare l'esistenza di una forza di vita con metodi scientifici. Questo non è il nostro scopo principale in questo contesto. Tuttavia, crediamo che siano al contrario molte le prove cosiddette scientifiche dell'esistenza di un'energia vitale chiamata *chi* dai cinesi e *ki* dai giapponesi. La dimostrazione scientifica non è tuttavia essenziale per tutti. Passare da un argomento sul quale si sente di stare perdendo terreno ad un altro argomento non correlato è una tattica di dibattito molto diffusa al giorno d'oggi, specialmente in politica. Nel nostro caso, non vogliamo provare qualcosa di diverso dalla premessa originale, ovvero che vi siano comunanze di principio in tutti i sistemi e le strategie di successo.

Se non volete ammettere che siete vivi e che tutti gli esempi di energia di cui siamo quotidianamente testimoni (corrente elettrica, movimento all'interno di un atomo) tendono a dimostrare che l'universo è in movimento, allora probabilmente dovreste fermarvi qui con la lettura. Come la consapevolezza, anche il flusso può esistere su vari livelli. Emozione, per esempio, è una parola che significa, alla lettera, "In movimento". Di solito la gente non pensa ai propri sentimenti come ad entità tangibili né tanto meno in movimento. Ma anche questo aspetto dell'umanità segue gli stessi principi di base del movimento.

Partiamo dunque dal presupposto che si possa sperimentare l'energia (o come preferite chiamarla) all'interno del nostro corpo (se non altro) e che ciò che sperimentiamo dimostrerà che, effettivamente, l'energia scorre. Per ora, cerchiamo di semplificare ulteriormente e diciamo che , "nello sviluppo di una strategia di vita, il principio del flusso è fondamentale". Prendiamo comunque in considerazione, anche questa volta, le diverse variazioni e sfumature di applicazione, e aggiungiamo che anche il "tasso di flusso" è molto importante.

La famosa equazione di Albert Einstein E = mc2, tradotta in parole, significa che l'energia può essere convertita in materia fisica quando (e se) la massa si muove alla velocità della luce. Questa equazione magica (che dimostra come la matematica sia il linguaggio che condividiamo con l'universo stesso) ci mostra fondamentalmente che l'energia è direttamente correlata a velocità e tempo. Una dimostrazione più pratica e immediata di questo concetto può essere individuata in un proiettile. Se prendete un piccolo pezzo di piombo e lo lanciate verso qualcosa, succederà ben poco. Tuttavia, se prendete quella stessa punta di piombo, la caricate di polvere da sparo e la fate spostare ad altissima velocità... Diciamo che otterrete un risultato ben diverso. Variando la velocità di flusso, lo stesso movimento basico può essere una pacca affettuosa o un colpo aggressivo.

Quando gli esseri umani tentano di dare un senso a concetti astratti, guardiamo spesso alla natura o nostri corpi, a cose concrete ed osservabili, per cercare di afferrare la verità ultima. Dove altro dovremmo andare a cercare verifiche affidabili? Pertanto, a titolo di ulteriore spiegazione del principio del flusso, pensiamo al semplice atto della respirazione. All'inizio di questo libro riportiamo un proverbio Zen che afferma "*il respiro dell'universo è sia pesante che leggero*". Questo proverbio è una base per la pratica di alcuni tipi di arti marziali, e spiegazione del perché studiare un solo modo di fare una cosa non è solitamente sufficiente. Il tai chi, per esempio, enfatizza movimenti lenti e rilassati.

Vorrei sottolineare che il tai chi (così come qualsiasi altra disciplina) può sicuramente essere tutto ciò di cui alcune persone hanno bisogno per ottenere i loro obiettivi ultimi o per comprendere a fondo i principi del tutto. Io, però, non sono una di quelle persone. Ho sempre preferito un approccio più "multistrato", per così dire. Forse sono semplicemente poco sveglio, ma ho bisogno di avere le mie lezioni su grande scala e molti livelli per capirle a fondo. A volte ci vogliono anni (o anche decenni) perché capisca a fondo il significato ed il valore delle lezioni che mi vengono impartite, o persino delle mie stesse parole. E sono molte le persone che si trovano a pentirsi di non aver seguito il proprio istinto iniziale in certe situazioni, come se avessero tardato a capire a fondo se stessi.

Il proverbio "La saggezza viene con l'età" vi suonerà probabilmente familiare. Questo detto implica che, nel tempo, raggiungeremo un livello di comprensione (il nostro obiettivo finale come esseri umani) che ci renderà soddisfatti. Questo ci porta anche a considerare l'ipotesi che una variazione di velocità, un rallentamento o addirittura un cambiamento di direzione possano rivelarsi necessari per il raggiungimento di un certo obiettivo.

Mi piace andare a nuotare ed a correre e usare queste attività per la meditazione, e pratico anche il combattimento simulato. Sono tutte attività aerobiche, i cui vantaggi e benefici per l'organismo sono ampiamente riconosciute dai medici.

Un incidente d'auto mi ha reso impossibile fare alcune delle cose sulle quali facevo più affidamento per mantenere uno stato di salute generale. Provavo molta frustrazione, e rinunciai del tutto a quelle attività. Sapevo che avevo bisogno di muovermi per essere davvero felice, ma avevo dimenticato la parte più importante dell'insegnamento dei miei maestri in proposito. Ci sono voluti anni prima che mi rendessi conto che potevo semplicemente muovermi "in maniera diversa", compatibilmente con le nuove circostanze in cui mi trovavo. Ho iniziato a praticare tai chi, una sorta di meditazione in movimento che suggerisce espressamente che "lento è meglio". Ho dunque applicato questo stesso concetto alla corsa e al nuoto, appurando che, come avevo effettivamente sempre sostenuto, anche una cosa minima era meglio di niente. Ho iniziato a sentirmi meglio, anche se non riuscivo a muovermi alla stessa velocità con cui mi muovevo prima dell'incidente. Stavo comunque tentando di applicare tutti i cinque principi alla mia vita, come meglio potevo. E col tempo ho fatto molti progressi.

Oggi vado spesso a correre, ma la mia corsa non è mai niente più che una camminata veloce, costellata di frequenti pause in cui mi fermo ad annusare i fiori o ad ammirare l'oceano. Cerco di mantenere ben in vista qual è il vero obiettivo che voglio raggiungere quando vado a correre. Un osservatore esterno potrebbe pensare che quello che faccio non sia definibile come corsa, e che un altro termine sarebbe più indicato. Indipendentemente dal termine, il principio del flusso è comunque presente.

Anche quando ero più in forma, sapevo che correre ha molte possibili varianti di esecuzione. Per esempio, uno può essere un velocista o prediligere le lunghe distanze. Correre sullo sterrato è molto diverso dal correre sull'asfalto o su pista. La corsa campestre non può essere paragonata ad una gara su pista in termini di velocità, ma è l'impossibilità di prevedere la conformazione del terreno e quindi il continuo cambiamento di ritmo e andatura a renderla interessante. Allo stesso modo camminare, fare trekking, fare jogging, arrampicarsi sono tutte attività simili ma ognuna con delle caratteristiche specifiche che devono essere tenute in considerazione. Eppure, sono tutti essenzialmente modi di muovere il corpo sulla superficie terrestre.

Tornando al mio incidente d'auto, possiamo dire che l'equazione di Einstein vi abbia giocato un ruolo decisivo. Le lesioni causate dalla massa e dalla velocità della vettura che mi ha colpito sono state aggravate dal fatto che il mio corpo fosse completamente a riposo e sia stato improvvisamente sbalzato in moto. Ho probabilmente subito gli effetti non solo di quell'impatto, ma di tutti i colpi incassati nel corso dei decenni: l'incidente, probabilmente, non è stato nient'altro che la proverbiale ultima goccia. La consapevolezza che può essere applicata sia alla corsa che al mio incidente d'auto, dipende non solo dall'applicazione delle idee, ma dell'interazione tra i principi fondamentali della forma, del beneficio e del flusso e dalla violazione di questi stessi principi. Ogni strategia di successo (che porti un beneficio definito e definibile) si basa sull'*interazione* tra i principi e non specificamente in uno qualsiasi di essi.

Per alcune persone, l'approccio dei Cinque Principi alla risoluzione dei problemi è il passo successivo da prendere per andare avanti dal punto in cui si fermano tutti gli altri sistemi e approcci. Anche nelle lezioni di arti marziali dei Cinque Uccelli, tuttavia, sottolineiamo che qualsiasi attività che unisca mente, corpo e spirito e porti all'obiettivo finale di consapevolezza può essere considerata una forma meditativa. Musashi specificò di aver messo la propria strategia di vita in termini di combattimento perché era un esperto di combattimento con la spada. Tuttavia, egli insegnò ai suoi allievi l'importanza di avere più conoscenze possibili in qualsiasi campo. Sun Tzu parlava delle classi di guerrieri e dei i principi stessi, dato che sono in correlazione. Tutte le cose hanno esattamente la stessa importanza.

Questo approccio moralmente acritico è, a mio parere, essenziale per lo sviluppo di una strategia di vita di successo. Per uno studente deve essere possibile vedere il rapporto tra due punti di riferimento qualsiasi. Non possono essere vincolati. Devono essere lasciati liberi di muoversi. E anche qualora decidessero di stare fermi, andrebbe comunque bene. E si tratterebbe comunque di una rappresentazione del principio di flusso.

Un bravo maestro è colui che cerca di capire le molteplici prospettive del suo studenti e poi stabilisce l'obiettivo principale del corso di studio. Ogni studente deve sapere "dove sta andando" e quanto tempo ci metterà ad arrivarci. Ci sono alcune forme di meditazione o aree di studio, e relativi rituali e lezioni, che si concentrano interamente sul concetto di flusso.

Alcune immagini che ricorrono nell'insegnamento e discussione del concetto di flusso sono: il cerchio (o ciclo) di vita e morte; il fiume della vita; strada o percorso di vita; l'idea di infinito o di vita senza fine; il flusso continuo di forze opposte come il simbolo di yin e yang. Sono tutte immagini basate su osservazioni e considerazioni umane, che mostrano anche il rapporto tra il noto, l'ignoto e l'inconoscibile (attualmente).

Possiamo dire che basiamo le nostre azioni fisiche sul noto. L'ignoto, pur non venendo preso coscientemente in considerazione, può avere risultati immediati percepibili a livello noto. Se le condizioni cambiano, l'ignoto stesso può diventare noto. L'inconoscibile è oltre la nostra portata (o perlomeno oltre la nostra portata attuale). Non possiamo averne percezione diretta; possiamo solo percepirne l'essenza quando ci tocca, indirettamente, attraverso noto e ignoto. Non c'è niente di sbagliato nel chiedersi e chiedere il perché delle cose: non si deve però arrivare a pensare che la domanda stessa sia il vero e ultimo obiettivo da perseguire come esseri umani. Deve sempre esserci un equilibrio.

"L'energia non si crea né si distrugge", *Albert Einstein*

Il concetto di flusso può portare a complicate questioni filosofiche: ma in definitiva, un flusso costante e sostenuto porta ad ottenere un riconoscimento sottile del flusso costante tra il noto, l'ignoto e l'inconoscibile. Questa consapevolezza di chi/energia/consapevolezza limitata è il massimo che possiamo sperare di ottenere.

Ricordate, "L'energia favorisce il movimento". Tuttavia, il movimento (così come l'apprendimento o la comprensione) possono avvenire a velocità diverse, a volte quasi impercettibilmente. La necessità o il desiderio di conoscere possono spesso precedere la saggezza o la capacità di utilizzare la consapevolezza, ma la raccolta di informazioni e il prendere decisioni basate sulle nostre osservazioni sono aspetti intrinsechi alla nostra natura umana. Quando creiamo una strategia, sia essa di vita, di affari, di istruzione o una strategia per il governo, è importante ricordare che gli esseri umani cominciano inevitabilmente ogni viaggio raccogliendo informazioni e ricercando schemi e modelli. È come ci rapportiamo al mondo e uno a altro. Fare domande e poi agire conseguentemente alle nostre impressioni è il nostro compito. È la nostra natura.

Per non violare un principio basico e rendere le cose troppo complicate, diciamo semplicemente che queste cose possono andare oltre il nostro obiettivo, in questo momento. Vanno certamente al di là di ciò che stiamo cercando di realizzare in questo libro. Riconosciamo il dilemma e la bellezza del paradosso e andiamo avanti. Il simbolo del cerchio è usato per rappresentare la vita, perché è senza inizio né fine. Il triangolo, un altro simbolo per la verità, spesso si usa per descrivere la relazione tra mente, corpo e spirito. Entrambi i simboli sono vuoti al centro, ma fluiscono tra i vari concetti. La vita è definita dalla morte e la morte è il paradosso per eccellenza. Non potremo mai sapere la vera risposta alla domanda che guida la nostra vita intera: eppure, continuiamo a porci ossessivamente il problema.

"Essere o non essere, questo è il problema..." --*Amleto, Shakespeare*

Capitolo 3

Il Principio della Forma

Il secondo principio del tutto può essere definito in questi termini: ***tutto ciò di cui possiamo diventare consapevoli ha una forma (metodo, modo, norme applicabili, ecc.), ed il modo migliore per considerare la forma è nel contesto dei cinque principi.*** In altre parole, la nostra tendenza a cercare e individuare modelli sembra dimostrare l'esistenza di un certo ordine favorito dall'universo stesso. Questi modelli ci sono a volte evidenti e diventano scontati, qualcosa di cui ci serviamo nella nostra vita quotidiana. La ricerca di modelli e/o significato nella nostra vita è uno degli attributi più importanti dell'essere umano. Se non fosse per questa tendenza a trovare modelli, la maggior parte delle scoperte scientifiche non sarebbero mai avvenute. È così che si è sviluppato il linguaggio. In termini dei cinque principi spesso diciamo "Ci sono molti modi diversi di realizzare la stessa cosa". Questo è particolarmente vero se l'obiettivo finale è la consapevolezza dei cinque principi.

Parlando di scienza, nella scienza marziale del ninjitsu si fa riferimento alla "geometria" dell'universo descrivendo movimenti del corpo utili e realistici. Il "modo" in cui si dà un "buon" pugno o calcio si basa sulle esperienze in prima persona dei "grandi maestri" che hanno sviluppato i loro stili sulla consapevolezza di "ciò che funziona". Ho anche sentito termini geometrici utilizzati nelle classi di belle arti o discipline umanistiche o scienze. In tutti i casi questo focus geometria ci dice che ci sono solo due forme geometriche dell'universo osservabile: linee rette e curve (risultato di curve nei circoli). Nelle arti marziali vediamo che c'è una tendenza a spostare le nostre mani e piedi in linee rette o in movimenti circolari. Nel disegno vediamo che tutte le forme sono fatte di questi due tipi di linee.

A volte scopriamo informazioni sui modelli fisici universali o modelli fisici di grandi dimensioni attraverso la nostra conoscenza e l'osservazione di modelli più piccoli. Per esempio, i buchi neri sono stati scoperti matematicamente. Oggi gli scienziati accettano l'esistenza dei buchi neri, che sono stati dedotti da equazioni matematiche. I nostri metodi e regole umane sono di solito un tentativo di imitare o "diventare consapevoli" di ciò che percepiamo essere "l'ordine dell'universo" e le "leggi universali" che lo governano. Nelle arti marziali riconosciamo un collegamento diretto tra ciò che facciamo e il "perché" lo facciamo. Nel tai chi, per esempio, diciamo che la forma corretta promuove la consapevolezza di chi, o verità, o unicità o nirvana o Dio o la teoria/equazione che risponde a tutte le domande. Possiamo avere altri obiettivi in mente, ma c'è sempre un modo giusto di fare tutto. Alcuni sistemi di credenze sono addirittura arrivati ad affermare che senza la forma o il modo o il rituale, la consapevolezza ultima sarebbe irraggiungibile. In altre parole, per alcuni *la forma è tutto.*

Di nuovo, non dobbiamo sempre sapere perché è così, ma dovrebbe esserci un affidabile, semplice modo per verificare se qualcosa è fatto correttamente.

Nelle arti marziali ci chiediamo *"cos'è* che *funziona meglio?"*. Una delle cinque parti di base di una qualunque tecnica di autodifesa è "difendersi". Se una tecnica non realizza questo obiettivo, non è una buona tecnica, non importa quanto spettacolare sembri. La tecnica di riferimento nelle arti marziali è stato spesso considerato essere lo stile di Shaolin o dei cinque animali, che viene insegnato dai monaci del tempio Shaolin in Cina. Come in molte culture, i creatori originari di questi "stili" di arti marziali osservarono la natura e gli animali alla ricerca di modelli e punti di forza che fossero degni di essere imitati in termine di stile e funzione. È così che fu creato il sistema dei "cinque animali" dl kung fu. Questi animali vennero infine associati con i "cinque poteri" che, secondo i cinesi, governano l'universo.

Molte culture guardano alla natura per trovare modelli e punti di forza che riflettano i Poteri Ultimi, quelli che sembrano governare il funzionamento di tutte le cose. Quando si costruisce qualcosa di valore, è necessario stilare prima un piano. Servono delle fondamenta solide per costruire qualsiasi casa. Una strategia di vita ben riuscita è una sorta di piano d'azione che funziona. Tuttavia, anziché invischiarci in dibattiti infiniti su quale piano sia giusto o sul perché un piano sia meglio di un altro, un approccio improntato sul sistema dei cinque principi cerca di trovare il terreno comune a tutti i piani. Allo stesso tempo, però, il solo fatto che esista un piano non significa che ci sia della verità. Quand'è che il piano diverge dalla verità? Un falso piano (o uno inefficace) è quello che viola i principi semplici e fondamentali del nostro universo, o il nostro diritto individuale di perseguire la consapevolezza. Se un individuo o un gruppo di persone arrivano a pensare di avere il diritto di danneggiare un altro individuo o gruppo sulla base del loro "essere nel giusto", è evidente che quel piano era fallato.

Forma, rituale e ripetizione sono in un certo senso dei piani che si occupano di apprendimento su vari livelli. Ogni pensiero, azione ripetuta o rituale otterrà dei risultati. Questo è uno dei motivi per cui i culti esistono e talvolta prosperano, perché le persone "sentono la differenza" quando agiscono o pensano seguendo qualcosa di prescritto. Sottolineiamo comunque che non esiste un "modo corretto" e che un'ossessione con uno dei principi (come il principio del beneficio) come "obiettivo ultimo" indica che una strategia è fatalmente difettosa.

Nell'ottica dei cinque principi, diciamo che ci sono giuste posizioni, modi giusti di respirare, momenti giusti, suoni giusti, tensioni giuste, giusto ordine, giusta atmosfera e anche giusti modi di pensare o sentire. Tutto questo implica che ci sono anche modi sbagliati di fare le stesse cose. La differenza tra modi giusti e sbagliati può essere solo questione di enfasi.

Il principio della forma suggerisce che la forma giusta, prima di tutto, dovrebbe essere facilmente distinguibile dalla forma sbagliata. In secondo luogo (cosa forse ancora più importante) la forma giusta può essere distinta da quella sbagliata attraverso un semplice test: non deve mai violare nessun altro dei principi fondamentali. La forma giusta inoltre ha evidenti benefici, ed è sempre mirata a raggiungere gli obiettivi ultimi.

Quando accettiamo che ogni azione è motivata da una ragione precisa e che non esiste una giusta rotta da prendere, dobbiamo trovare il coraggio di agire di conseguenza. Agire, per gli esseri umani, è spesso identificato con l'avere coraggio. Come in tutte le cose, tuttavia, la controparte (mancanza di azione) deve anche essere considerata un'opzione e applicata, a volte, come parte di una strategia di vita. Fuggire o abbandonare la propria strada per evitare conflitti raggiungerà sempre l'obiettivo desiderato, se il fallimento (sconfitta) è fuori discussione. Senza violare gli altri principi di base del chi, poi, gli esercizi dei cinque principi sottolineano che c'è un tempo per muoversi e un tempo per stare fermi. Il lasso di tempo per cui dobbiamo rilassare o stare in tensione varia a seconda della situazione e altre condizioni. Esiste anche una struttura corretta per i nostri processi di pensiero.

Quando insegno le mie classi di scrittura, sottolineo sempre che la "comunicazione" è l'obiettivo fondamentale di tutte le forme di interazione (parlare, leggere, scrivere, esibirsi ecc.). Ci sono "modi" o forme che sembrano consentire una comunicazione migliore. Un altro aspetto che sottolineo nelle mie lezioni è il potere delle parole. Una frase, un paragrafo, un saggio, una poesia, una sceneggiatura, un'e-mail, un messaggio di testo, persino la lista della spesa, hanno tutti qualcosa in comune. Prima di tutto sono mezzi che usiamo per comunicare qualcosa: e si può facilmente stabilire il loro essere "giusti o sbagliati" con un semplice test: "Ci hanno fatto raggiungere questo semplice obiettivo?".

Ci sono anche altre analogie di forma. Ogni "forma" di comunicazione ha un inizio, una parte centrale e una fine. In molte culture si pensa che lo spirito o Dio o mente universale abbiano una forma riconoscibile. Alcuni arrivano a dire che siamo stati "creati a immagine di Dio". Penso che, a livello intuitivo, questo sia assolutamente vero. Tuttavia, ciò non significa che la mente spirituale o l'universo siano creato a immagine dell'uomo. La verità di questa dichiarazione è basata sugli stessi cinque principi stessi che sembrano essere all'opera nella nostra vita fisica, mentale e spirituale. In quanto sostenitori dei Cinque Principi diciamo dunque che l'universo e la nostra essenza fisica abbiano "forme" simili. Da ciò si deduce che forse questa "somiglianza" può essere ritrovata non solo nella nostra forma umana, ma anche nella forma che "vita" e "consapevolezza" sembrano assumere. Forse, allora, il "grande spirito" o Creatore assomiglia più ad un filamento di DNA che ad un essere umano. Alla fine, tutte queste spiegazioni sono mera speculazione (inconoscibile) finché degli avanzamenti tecnologici o di altro genere non ci permetteranno di vedere anche solo di sfuggita lo spirito stesso, e comprovare questa somiglianza a confronto con altri modelli conosciuti.

Alcune culture (inclusi molti filosofi e scienziati) credono che tutto sia costituito dalle stesse cose essenziali, e cercano sempre di arrivare alla risposta definitiva per tutto.

Nelle culture dei nativi americani, africani, aborigeni australiani, europei, polinesiani e asiatici si crede non solo che "siamo fatti della stessa sostanza di cui è fatto Dio", ma che possiamo anche "imitare o metterci in contatto con lo spirito e rappresentare le leggi spirituali" in una varietà di modi artistici (forme). Gli indù hanno diviso queste "forme" seguendo il modello dei nostri sensi e inserendo le suddivisioni di Mudra, Midra o Mandela. Nella cultura navaho e in quella tibetana, infine, troviamo forme simili che utilizzano la consapevolezza delle rappresentazioni audio, visive e testuali delle leggi universali e delle credenze.

Nelle arti marziali dei cinque uccelli, i concetti di arti marziali e tai chi come le posizioni e le pose sono come diventare i vostri aghi di agopuntura o diventare parte del vostro stesso dipinto, dove arrivate a impersonare non solo il prodotto finito, ma anche ogni sua singola parte. Siete PARTE della forma e lo strumento con cui si misurano il successo o l'illuminazione.

Per essere certi che la forma non diventi un'ossessione,

violando qualsiasi altro dei cinque principi fondamentali, suggeriamo di eseguire qualsiasi esercizio (compresi quelli suggeriti alla fine di questo libro) concentrandosi sul fluire da una posizione alla successiva, applicando lo stesso sforzo a tutti i passaggi. Nella scrittura, si può studiare sintassi o grammatica o il rapporto tra la lingua, la lettura e la scrittura, per esempio, ma non si dovrebbe mai perdere di vista l'obiettivo finale di tutte e tre queste competenze: la comunicazione.

Dal punto di vista di una strategia di vita o dei cinque principi, diciamo che la forma giusta è quella che prende in considerazione sia l'individuo che gli obiettivi universali. Il nostro sistema viene spesso definito "Total Fitness". Una valida strategia di Total Fitness dovrebbe tenere in considerazione più di un'estremità dello spettro. Anzi, in questa prospettiva il metodo che utilizziamo di più per insegnare una cosa è descrivere il suo opposto.

Tuttavia, non siamo interessati tanto i singoli opposti, quanto piuttosto all'ultima essenza sottile che esiste tra gli opposti, a causa e nonostante le opposizioni. Le somiglianze sono in definitiva più importanti delle differenze, anche solo per il fatto che la nostra essenza si basa su somiglianze.

“Qualunque sia il modo in cui gli uomini decidano di adorarmi, io li accolgo. Qualunque sentiero decidano di seguire, porterà sempre a me, alla fine”. *Lo spirito supremo, da Bhagavad-Gita*

“La politica è una scienza divina, dopo tutto. È mio dovere studiare la scienza del governo... Devo studiare politica e guerra, perché i nostri figli possano essere liberi di studiare matematica e filosofia. I nostri figli dovrebbero studiare matematica e filosofia, geografia, storia naturale, commercio e agricoltura per dare ai loro bambini il diritto di studiare pittura, poesia, musica, architettura, statue, arazzi e porcellane.”-- *John Adams*

Capitolo 4
Il Principio del Beneficio

Nelle arti marziali si parla spesso di quanto una tecnica sia efficace o meno. Ci sono, come ho detto, cinque parti di ogni tecnica di autodifesa di successo. La domanda fondamentale che tutti i praticanti di arti marziali si pongono riguardo ad una tecnica è questa: “Funziona? Realizza il suo obiettivo? Aiuta a difendersi?”. Tutto ciò può nuovamente sembrare ovvio. Tuttavia, in molti stili di arti marziali, l'allievo è così assorto nel cercare di seguire la “strada del maestro” e copiare i movimenti del maestro che quegli stessi movimenti diventano disfunzionali. A quel punto, l'aderenza a ciò che è percepito come la forza di uno stile diventa sua debolezza, a causa della mancanza di attenzione al principio del beneficio. Un'ossessione con uno solo dei principi, che sia quello della consapevolezza, della forma, del flusso, dell’armonia o del beneficio alla fine porterà al fallimento, perché sarebbe un’ossessione fuori dall'ordine naturale delle cose. Nessuna parte dell'intero può mai essere più importante della somma totale. Ma dal punto di vista di un individuo deve esserci anche un risultato finale, senza che si interrompa il flusso per il bene comune. Nel mondo degli affari, si sentono spesso frasi come “sia che si tratti della vendita di beni che di servizi, il cliente deve avere l’impressione di aver ben investito il proprio denaro”.

Un'ossessione per il beneficio porta a continui fallimenti. Quando i politici tentano di fare leggi comuni che in realtà beneficiano solo una piccola minoranza o sono valide solo secondo un'ideologia limitata o solo per un segmento della società, nascono situazioni di conflitto. E dal momento che l'universo sembra prediligere l'ordine, se un'ideologia crea conflitti, allora quell'ideologia o il sistema che l'ha generata dovrebbero essere guardati con sospetto. Non possiamo pensare che sia una delle parti in conflitto ad essere nel torto e che debba essere eliminata perché si possa risolvere il conflitto. Il cercare di demonizzare posizioni contrastanti in un dibattito è indice di ristrettezza mentale: la vera via per la risoluzione dei dibattiti su una questione è concentrarsi sulla questione stessa.

Se manchiamo un colpo a tennis, non ha senso dare colpa alla rete, al campo, al nostro avversario o al gioco del tennis stesso. Né dovremmo sforzarci di alterare il gioco di tennis per rimediare ai nostri errori. Forse, semplicemente, il tennis non fa per noi.

Nei miei corsi di scrittura, consiglio ai miei studenti di considerare una frase, un paragrafo o una composizione finita in qualsiasi forma (saggio, racconto, poesia, sceneggiatura ecc.) come la "forma" della strategia che vogliono adottare e con cui vogliono avere successo. Il beneficio ultimo, in tutti i casi, è la comunicazione. Parole sparse su una pagina, senza punteggiatura o struttura sintattica, non hanno senso. Parole in un formato comprensibile, con un focus ben preciso, un inizio, metà e fine e un ovvio punto di vista dimostreranno il potere delle parole e saranno più propense a comunicare qualunque cosa lo scrittore volesse comunicare.

Se procediamo lungo questa linea di pensiero possiamo dire che, "se uno qualsiasi dei cinque principi viene violato seguendo uno qualsiasi degli altri quattro, il sistema globale ha bisogno di essere modificato". Se una strategia, una tecnica, un piano o anche una semplice azione perdono di vista questi principi di base (o l'obiettivo che era stato istituito inizialmente), non dovrebbe essere perseguito.

Il principio del beneficio presuppone che l'universo funzioni in maniera ordinata, riconducibile a formule matematiche. Possiamo concludere dicendo che "*"l'universo cerca di trarre beneficio stesso",* o che *"anche se le nostre azioni portano a dei risultati (e a volte non capiamo appieno la portata di tale dichiarazione) sembra esserci una tendenza a ricompensare le azioni che tendono al bene comune".*

Non è esagerato affermare che il beneficio è fondamentale nella comprensione e applicazione del principio di beneficio.

A me personalmente non piace neanche usare la parola "esercizi" per quello che insegno, perché ciò sembra suggerire, per molti, che nel processo di apprendimento ci sia una dispersione di energia. Nella mia visione, uno dei principi fondamentali delle arti marziali è che qualunque cosa tu faccia per diventare consapevole di questi principi universali dovrà "farti sentire meglio".

C'è una vecchia barzelletta che illustra perfettamente questo punto. Un uomo entra in un ambulatorio medico e dice: "Dottore, mi fa male la gamba quando faccio questo movimento". Il medico risponde "Beh, non farlo".

Alcune persone credono che gli esseri umani possano aumentare i loro poteri personali e che possano utilizzare questi poteri per fare del bene o del male. Se consideriamo logicamente i principi del tutto, possiamo vedere che, semplicemente, non può essere così. Gli esseri umani possono, effettivamente, danneggiarsi l'un l'altro o recare danno a se stessi. Tuttavia, le etichette di "bene" e "male" sono state create dall'uomo stesso. Nonostante un concetto possa essere motivazionale, o addirittura essenziale per un sistema di credenze, è importante ricordare che siamo comunque umani.

Recentemente (al momento della stesura di questo articolo) un famoso terrorista è stato ucciso dalle forze speciali d'elite degli Stati Uniti. Trattandosi del principale responsabile degli attentati dell'11 settembre a New York, la maggior parte delle persone ha visto quell'assassinio come un'opera "buona e giusta". Alcuni, volendo trovare giustificazione alla loro credenza che "uccidere è sbagliato", hanno chiesto al Dalai Lama di esprimere la sua posizione sull'assassinio. Egli ha risposto così: "Credo che la vita sia sacra, e non mi piace privare nessun essere vivente della vita, neanche una zanzara. Tuttavia, se mi trovassi in un paese incline alla malaria, non esiterei a uccidere le zanzare che dovessero minacciare di pungermi".

L'energia universale scorre, essenzialmente solo per il proprio beneficio. Le nostre piccole azioni, pensieri e concetti sono microcosmi dei principi universali. Pertanto, azioni o anche solo pensieri malvagi degli esseri umani sono generalmente considerati solo un'interruzione nell'ordine naturale delle cose a livello umano.

Per esempio la malattia, nella maggior parte del pensiero orientale, è vista come una semplice interruzione del flusso del chi universale, o energia. Viene generalmente considerato un uomo sano colui che persegue la felicità e degli obiettivi individuali come parte dell'ordine naturale delle cose. In altre parole, cercare di far sì che le nostre azioni abbiano un fine ultimo che possa apportare dei benefici è una misura del valore dell'azione (presupponendo che quella stessa azione non interferisca con le altrui ricerche di felicità).

Dobbiamo poi aggiungere che il piacere individuale non è vera felicità, né un qualcosa sul cui perseguimento si dovrebbe basare un'intera strategia di vita. È un po' come pensare che passare un test con un buon voto sia più importante dell'apprendimento della materia.

Il piacere è breve, e solo un ben sperato prodotto secondario del ricercare un beneficio generale. La ricerca della felicità (se vista come il beneficio finale) ha effetti di ampia portata e di lungo termine. Il piacere riguarda principalmente i sensi fisici, mentre la felicità (che spesso si percepisce comunque a livello di sensazione fisica) viene sperimentata su un livello molto più profondo. Pensare che il piacere sia la felicità è sbagliato tanto quanto credere che il progetto sia la casa, o che visitare o leggere a proposito di un luogo sia lo stesso che abitarci.

Nell'approccio dei cinque principi sottolineamo il fatto che i nostri obiettivi ultimi siano quelli naturali o universali. Soddisfazione, salute, benessere e connessione (apprendimento e comunicazione) si trovano tutti ad un livello che è un'unificazione dei principi individuali. Nelle arti marziali e in molte altre filosofie, il triangolo o la Trinità è un simbolo molto importante. Quando parliamo di beneficio, crediamo che l'aderenza ai cinque principi fondamentali ci benefici a livello di mente, corpo e spirito, così come a livello del luogo indefinito che si trova in mezzo a questi elementi.

La costituzione degli Stati Uniti d'America è a mio parere un documento così potente perché l'autore principale, Thomas Jefferson, ha cercato di aderire a questi principi universali. Gli obiettivi finali enumerati nel documento sono per coincidenza proprio cinque. Questi obiettivi e benefici sono riassunti nelle parole del preambolo: "Noi, il popolo degli Stati Uniti, al fine di formare una più perfetta unione, stabilire la giustizia, assicurare tranquillità interna, provvedere alla difesa comune, promuovere il benessere generale e garantire le benedizioni della libertà a noi stessi e ai nostri posteri, decretiamo e stabiliamo questa Costituzione per gli Stati Uniti d'America."

In questi cinque obiettivi riecheggiano quelli che si trovano nella dichiarazione di indipendenza, racchiusi in una frase semplice ma di grande efficacia: "Vita, libertà e ricerca della felicità". Fino a quel momento, tali obiettivi (soprattutto la libertà) non erano mai stati considerati "diritti inalienabili" o fondamentali per stabilire un governo.

Tuttavia, non bisogna dimenticare che questa consapevolezza (ovvero la definizione di libertà) viene definita come “Tranquillità comune, difesa e benessere generale”. La consapevolezza consiste nel cercare, attraverso la struttura fisica di un documento di governo, di far muovere un popolo nella direzione di un bene comune.

Il principio del beneficio può essere riassunto nella seguente affermazione: “Se l'attività che stiamo eseguendo non ci sta portando benefici a livello spirituale, mentale e fisico, probabilmente non dovremmo portarla avanti”.

"L'essenza sottile universale è innominabile e onnipresente.

Anche se è presente persino nelle cose più semplici e più ordinarie, delle cose, non è inferiore a nulla.

Esso si mantiene come un modello di integrità indivisibile.

Se le persone lo abbracciassero come la propria vera natura, tutto si ristabilirebbe in giusto ordine e pace di propria iniziativa.

Il rapporto armonico è quello del ciclo delle stagioni che produce pioggia e rugiada sempre nei momenti giusti.

Gli esseri umani non devono fare niente per assicurare armonia tra cielo e terra.

Tutti i nomi sono stati dati ai fini della distinzione quando è stata diversificata la semplicità originale.

Quando uno si discosta dalla semplicità, trova perplessità. Quando uno torna alla semplicità, ha evitato di essere distrutto dalla confusione. L'essenza sottile universale è per gli esseri umani ciò che l'oceano è per i fiumi e i torrenti della terra". *Lao Tzu, da Tao Teh Ching*

Capitolo 5

Il Principio dell'Armonia

L'ultimo principio del tutto è l'armonia, noto anche come equilibrio, relatività o adattabilità. Dato che, di nuovo, cerchiamo di essere chiari e concisi, dobbiamo procedere da determinati presupposti:

1) Gli esseri umani sono nati per essere creativi e 2) il cambiamento è inevitabile. Se non ci è permesso guardare oltre il prossimo orizzonte, rivalutare informazioni e poi reinventare la ruota, in genere si finisce per sentirsi soffocati. Lasciarsi un certo margine di scelta e possibilità di cambiamento e reinvenzione è un requisito per la felicità (o adempimento o inevitabilità).

La vita è piena di cambiamenti sottili ma profondi. È sostanzialmente un passaggio dalla gioventù alla vecchiaia, dall'innocenza alla saggezza che avviene all'interno dello stesso corpo, che non sembra mai rimanere lo stesso. Non accettare il nostro innato "sistema operativo" è stata la rovina di molti rapporti personali, soprattutto quando un individuo imposta la stagnazione o il non-cambiamento come condizione per il successo. Un altro modo per riassumere questo principio è l'affermazione "La prospettiva è tutto".

Nelle arti marziali, si parla di un'altra parte di ogni tecnica di autodifesa, ovvero "l'abbassamento del centro di gravità". L'equilibrio di una persona in relazione al suo avversario è un fattore determinante per il successo. Un lato di questa stessa medaglia è chiamato "la volontà di abbandonare la tecnica".

Questo concetto è stato denominato il "Lasciar andare l'impugnatura" dallo spadaccino Musashi. Egli suggerisce che se una tecnica di combattimento con la spada è stata imparata e viene praticata, ma non è efficace, dobbiamo avere il buon senso di abbandonarla o alterarla, in modo tale da renderla efficace per la realizzazione del suo scopo. Musashi fu conosciuto come il più grande spadaccino nel Giappone feudale, ma a suo parere ci sono momenti in cui persino un grande spadaccino deve lasciare andare la spada per realizzare il proprio vero obiettivo. Nel suo caso, l'obiettivo era semplice: sconfiggere il nemico. Si racconta che questo grande spadaccino combatté e sconfisse un attaccante con un remo bagnato e i pugni nudi. In quella situazione estrema, riuscì a mantenere sempre in vista il suo vero obiettivo e non consentì ai suoi preconcetti di limitare le sue opzioni.

Nello stile di combattimento che prediligo, questa tendenza ad aderire ad un'ideologia o una tecnica o qualsiasi altra metodologia specifica in maniera univoca viene considerata sintomo di chiusura mentale e quindi qualcosa da evitare.

Naturalmente, è importante avere un momento per riflettere e decidere la nostra strategia. Tuttavia, più opzioni abbiamo, più azioni possiamo prendere comodamente in ogni situazione, meglio ci troveremo. Essere liberi di fare scelte coscienziose e competenti è la vera libertà.

Una delle più grandi lezioni che ho appreso da uno sciamano

Lakota è stata la seguente: "quando è possibile, pensa sempre prima di rispondere a qualsiasi domanda di valore". Ho notato che a volte, quando ponevo una domanda diretta, alcuni maestri mi ignoravano completamente e si allontanavano, come se non avessero sentito la domanda. Inizialmente pensavo che le mie domande fossero inappropriate (se non addirittura stupide), e che il maestro non pensava fossero degne di risposta. Non avrei potuto essere più lontano dalla verità. Una volta mi resi conto che, dopo che il maestro mi aveva apparentemente ignorato e si era allontanato, in un secondo momento era tornato e mi aveva dato una risposta ad una domanda che avevo già dimenticato, tanto era lontano il momento in cui l'avevo posta. Quando mi resi conto di quello che stava accadendo, ho chiesto spiegazioni e mi è stato detto che molte "persone di potere" sentono come l'obbligo di dare i migliori consigli possibili, soprattutto quando viene loro posta una domanda diretta. Se una risposta a una domanda non è evidente per il maestro, si sentono autorizzati a prendersi *fino a tre giorni* per rispondere. Secondo il mio maestro si trattava di una sorta di "regola non scritta". Il suo rango nella tribù gli dava il tacito diritto di prendersi del tempo per "familiarizzare" con la domanda prima di rispondere. In altre parole, doveva crearsi un'armonia o equilibrio tra la risposta e la domanda.

Dobbiamo affermare anche che la prospettiva è un elemento che cambia continuamente. Il nostro stesso concetto di ciò che costituisce un universo è mutevole. Oggi, molti scienziati autorevoli stanno parlando di "Multi-versi", ed esistono molte diverse teorie e congetture su questa nuova versione della realtà in un'ottica di fisica quantistica.

Questo complica le cose per coloro che stanno cercando di unificare tutte le teorie (o coloro che credono ci sia un unico modo giusto di fare tutto). Nonostante i fisici siano costantemente alla ricerca di questa teoria unificante (una teoria del tutto) per spiegare e giustificare tutte le altre teorie, il "centro del bersaglio" non solo continua a muoversi, ma potrebbe addirittura sparire da una singola, limitata interpretazione della realtà.

Un maestro zen giapponese che mi stava insegnando l'arte zen del tiro con l'arco, il Kyudo, mi disse queste parole: "la gente viene da me e mi chiede di insegnare loro il tiro con l'arco. Per loro, imparare a meditare in questo modo è un obiettivo, come la scalata alla cima di una certa montagna. Mi vedono seduto sulla cima di una montagna, che non è necessariamente la più alta o la migliore, ma è comunque una montagna che vogliono salire. Gli studenti vengono a me da direzioni diverse e non vedono che, da dove sto seduto, ho una buona visuale di tutte le direzioni. Vedo gli ostacoli che devono superare per arrivare dove sono io. Posso vedere, per esempio, che uno studente ha di fronte a se un sentiero pulito e libero da ostacoli per raggiungere la cima della montagna: e in quel caso gli dico di andare dritto. Per un altro studente, il percorso può essere ostacolato da un fiume o una foresta, e quindi lo guido di conseguenza. Il problema è che a volte uno studente mi sente dare indicazioni ad un altro per proseguire dritto, dopo che a lui è stato detto di girare a sinistra o destra: quello studente si sente trattato ingiustamente, e può decidere di ignorare le mie indicazioni e iniziare a seguire le indicazioni che sto dando agli altri studenti. Uno studente che agisce in questo modo non può trarre beneficio dal mio insegnamento perché finisce per perdersi nella foresta o cadere nel fiume. Un buon maestro deve tuttavia essere fedele alla propria posizione e continuare a rispondere alla domanda "come posso raggiungere la cima della vostra montagna?" onestamente e responsabilmente. Spero che la maggior parte degli studenti si rendano conto che l'intento dell'insegnante è puro, e che finiscano per renderlo il proprio obiettivo".

Ci sono molti stili di arti marziali che si basano solo su una parte di una strategia, che è una cosa facile da fare se in passato quella parte di strategia ha portato al successo. Tuttavia, il fatto che un individuo, con una particolare abilità e talento naturale, con una tecnica specifica, sotto specifiche condizioni abbia avuto successo, non significa che questa tecnica o "stile" funzionerà per tutti in ogni circostanza. D'altra parte, non possiamo negare che abbia avuto successo in passato. Ed è per questo motivo, a mio parere, che abbiamo tale devozione verso la parole dei maestri (o degli individui di successo in altri campi). Quelle persone hanno certamente raggiunto il successo, per loro stessi, in una varietà di modi. Ciò non significa che possano (o debbano) insegnano ad altri che la strada che hanno seguito è l'unico modo per raggiungere il successo. Padroneggiando un concetto qualsiasi (principio di chi o di parte di una strategia di vita di successo) alcuni possono effettivamente raggiungere un certo livello di successo. E come dice il proverbio, “Se una cosa non è rotta, non aggiustarla”.

Tuttavia, quando si tratta di vera felicità, vera libertà o vera consapevolezza, possiamo dire che, in vista del successo finale, l'attenzione all'armonia è tutto. In molte culture, il luogo in cui convergono tutte le strategie o poteri è noto come il vuoto, e realizzare il vuoto o il nulla è ritenuto l'obiettivo finale.

Questa linea di pensiero pone dei problemi. Uno di questi nasce dal comprendere le dimensioni del vuoto e la sua con ciò che stiamo discutendo. In altre parole, il vuoto può essere estremamente piccolo o estremamente vasto, in una maniera che va al di là delle nostre percezioni. Sapendo che il vuoto esiste può essere il massimo della comprensione che possiamo aspettarci di raggiungere. Anche solo accettare l'esistenza del nulla può essere un passo essenziale per raggiungere la vera felicità.

Per esempio, c'è un famoso racconto filosofico su una mosca che si schianta contro una locomotiva che correva dritta verso di lei. Per stimolare la logica, si pone la domanda: c'è un punto in cui il volo cambia direzione da dritto in avanti a dritto all'indietro? Questo significa che c’è un momento in cui la mosca (e quindi la locomotiva) si fermano completamente?

Il principio dell'armonia dice che c'è un momento giusto per muoversi in avanti, uno per muoversi all'indietro e uno per non muoversi affatto. Dobbiamo essere consapevoli degli estremi, dei loro opposti e del punto in cui cambiamo da una direzione all'altra. Dovremmo anche consapevoli dei nostri limiti. Alcune persone (matematici e filosofi per la maggior parte) in realtà mi hanno detto che può essere dimostrato che c'è un istante in cui la locomotiva effettivamente si ferma. Altri sostengono appassionatamente il contrario. È importante per la mia vita quotidiana? Per me questo tipo di pensiero rimane interessante al livello che mette in evidenza il nostro bisogno fondamentale di porre domande e creare ipotesi. Raccogliere informazioni e speculare su qualsiasi cosa non sarà mai un esercizio inutile. Che ci piaccia o no, gli esseri umani continuano ad imparare per tutta la vita.

Se ci è completamente impossibile beneficiare di un'idea o azione, però, dovremmo abbandonarla almeno per il momento e provare qualcos'altro. Tornando per un attimo alla costituzione degli Stati Uniti d'America, vorrei sottolineare che "l'adattabilità" è una qualità essenziale che rende questo documento estremamente efficace. Fin dall'inizio, i padri fondatori sapevano che dovevano esserci dei meccanismi in atto per cambiare le nostre leggi man mano che le situazioni cambiavano. Infatti, cambiarono quasi subito questo documento aggiungendo il Bill of Rights, e da allora sono stati aggiunti e abrogati molti emendamenti.

Movimento e immobilità, tensione e rilassamento, pensare e sentire hanno tutti un luogo e un momento appropriati. Gli esseri umani, esercitando una responsabilità adeguata a tutte le forze che li circondano, imparano a bilanciare la loro vita con queste forze contraddittorie, in modo da poter beneficiare da tutte queste forze.

La definizione di "benefico" è sempre soggetta alle caratteristiche di tempo, luogo e situazione (come abbiamo visto in un capitolo precedente). Ancora una volta, non sapremo mai quando un'informazione ci sarà utile. Allo stesso modo, non sapremo mai come le nostre azioni o parole andranno a influenzare gli altri. Racconto spesso la storia seguente ai miei studenti: prima di lavorare come insegnante nella prigione della contea di Los Angeles, ho lavorato con bambini emotivamente disturbati in un centro chiamato Hathaway. Durante i miei quasi sette anni là, ho lavorato con centinaia di bambini e imparato molto da ciascuno di loro. A quel tempo, stavo studiando per il mio Master of Arts e per ottenere la mia prima cintura nera. Il lavoro prevedeva che abitassimo in una casa con circa venti bambini per due giorni e mezzo a settimana. Facevamo dei turni, in modo che ci fossero sempre due "genitori" di turno in ogni momento. Durante i miei turni, dovevo fare pratica di arti marziali mentre i bambini dormivano. Uno di loro, sui dieci anni, sgattaiolava fuori dal letto per guardarmi mentre praticavo. Tra di noi si instaurò un legame molto forte. La ragione per cui lo lasciavo fare e lasciai che sviluppasse un tale attaccamento per me era che era un ragazzo molto particolare. Metà bianco metà e metà indiano, questo ragazzo si era molto identificato con un personaggio di un film, Billy Jack. Anch'esso metà bianco e metà indiano, veterano della guerra del Vietnam, Billy Jack era tornato alla riserva per salvare una scuola indiana dai "cattivi": rancher bianchi senza scrupoli che cacciavano illegalmente, catturavano cavalli selvaggi e odiavano tutto ciò che aveva a che fare con gli hippy o i nativi americani. Billy Jack difendeva i bambini a mani nude e a colpi di astuzia imparati durante il servizio in Vietnam. Indossava un cappello nero dalla forma particolare, e il ragazzo che mi guardava fare pratica di notte, che chiameremo Piccolo Billy, ne aveva uno molto simile. Little Billy aveva subito violenze durante la crescita, mi fu detto, e quando ho fatto il collegamento tra il retaggio culturale del Piccolo Billy e la sua associazione con il personaggio di Billy Jack, mi sono reso conto che lo faceva sentire al sicuro sapere che, nella casa dove dormiva, ci fosse qualcuno che praticasse arti marziali: allo stesso modo, indossare il cappello di Billy Jack lo faceva sentire meno vulnerabile. Incoraggiavo il Piccolo Billy anche ad essere orgoglioso del suo patrimonio nativo, parlandogli di alcuni dei miei maestri e dei grandi eroi del passato americano che erano suoi antenati. Abbiamo condiviso alcuni bei momenti insieme, e alla fine fu dimesso dalla casa di accoglienza.

A questo punto dobbiamo fare un salto in avanti di circa vent'anni. Stavo insegnando nella prigione della contea di Los Angeles, e mi trovavo nella mia classe con circa 50 studenti, quando squillò il telefono. Fu una cosa piuttosto insolita, dato che ricevevo pochissime chiamate in carcere. Ma fu ancora più insolito sentire una voce all'altro capo del telefono dire “Salve signore. Sto cercando Gordon Richiusa, signore”. Lo riconobbi immediatamente.

“Piccolo Billy? Sei tu?”

“Sì, signore. Non pensavo che si sarebbe ricordato di me, signore”.

“Billy”, dissi, interrompendolo. “Sei stato in servizio?”

“Sì, signore”, rispose. “Come lo sa, signore?”

“Billy, puoi smetterla di chiamarmi signore”, ho detto, e poi ho subito aggiunto “Non ci posso credere. Come hai avuto questo numero? Come hai fatto a trovarmi? Perché stai chiamando?”.

Billy mi disse che aveva lasciato la casa dove l’avevo conosciuto, aveva ottenuto il diploma di scuola superiore e la cintura nera e poi era andato in servizio. Aveva servito con onore ed era stato congedato; dopo di che aveva cercato di rintracciare la sua famiglia ed aveva ritrovato il nonno materno nella riserva Piute, nel Nevada. Suo nonno era uno sciamano della tribù e aveva deciso di trasmettere a Billy le sue conoscenze.

“Complimenti”, gli dissi. “Ma perché mi stai chiamando?”.

“Ho assistito ad una cerimonia di recente e ho avuto una visione in cui lei mi diceva una cosa che mi ha cambiato la vita per il meglio. Volevo solo farglielo sapere e ringraziarla”.

Ero ancora estremamente sorpreso. Billy mi disse che mi aveva cercato per un paio di settimane, tornando ad Hathaway e seguendo poi varie tracce, fino a scoprire che stavo lavorando in carcere. Poi aveva cercato il numero di telefono del dipartimento dell'educazione, ed era riuscito a convincere alcuni receptionist a metterlo in linea con me. Tutto questo perché avevo detto qualcosa che aveva beneficiato la vita di una persona nel profondo. Non vedevo l'ora di sapere qual era la cosa che avevo detto e che era stata così fondamentale per lui da fargli sentire il bisogno di rintracciarmi.

"E che cosa ti ho detto?"

"Mi ha detto che ci sono due modi di respirare".

Devo dire che il mio entusiasmo diminuì considerevolmente. Non mi sembrava assolutamente un concetto profondo, e sul momento non ricordavo il contesto in cui gli avevo impartito questa lezione di discutibile importanza. "Puoi spiegarmi un po' meglio?", gli chiesi.

Billy cominciò a parlare di quella sorta di crisi isteriche di cui soffrivano spesso i bambini nella casa di accoglienza, e a cui avevo assistito tante volte. Erano una sorta di schermo emotivo, che in alcuni casi non sono che dei capricci di proporzioni monumentali. Le crisi di Billy erano famose per essere molto simili ad attacchi epilettici, tanto che ci fu un episodio in cui ci vollero ben quattro adulti per cercare di tenerlo fermo, e tutti continuavano a urlargli di calmarsi.

Quando vidi quello che stava accadendo, mi sdraiai sul pavimento accanto alla testa di Billy, con il mio viso vicino al suo e dissi: "So che è molto difficile, Billy, ma queste persone non ti lasciano andare finché non ti calmi. Se ti calmi, si calmano anche loro. Fai una cosa per me? Prova a fare attenzione al modo in cui respiri". Era quasi in iperventilazione, ansimando velocemente tra le ringhia. "Prova a pensare solo al tuo respiro, e a nient'altro. Se riesci a rallentare il respiro, ti rilassi. E se ti rilassi, ti lasciano andare".

Billy mi disse che non solo aveva funzionato in quella situazione, ma era stata probabilmente l'informazione che si era rivelata più utile per raggiungere i suoi obiettivi di vita. Non si sa mai che effetto le tue parole o azioni avranno sugli altri. Il meglio che possiamo fare è affrontare ogni situazione con onestà, onore e rispetto, e tenere presente che ogni azione può essere di un'importanza molto più grande di quella che potrebbe sembrare sul momento. Da insegnante, è una grande responsabilità che adesso sto prendendo con molta più serietà. Ho ringraziato Billy per avermi chiamato quel giorno, e gli ho chiesto il permesso di raccontare questa storia.

"Le caratteristiche di un uccello solitario sono cinque.

La prima è che vola fino al punto più alto.

La seconda è che punta il becco verso il cielo.

La terza è che non soffre la mancanza di compagnia, neanche della propria specie.

La quarta è che non ha un colore preciso.

E la quinta è che canta molto dolcemente". *San Juan De la Cruz, "Le caratteristiche di un uccello solitario"*

"Un semplice bicchiere d'acqua può diventare la più potente medicina, se dato nello spirito giusto". *Lame Deer Erdoes, dal "Cercatore di visione" di Lame Deer.*

Capitolo 6
Postfazioni

Una volta un maestro dette una spiegazione molto succinta ed efficace della differenza tra il raggiungere il beneficio supremo della meditazione e il non raggiungerlo. Disse: "Possiamo alzarci e camminare per la stanza", e qua cambiò tono di voce, "o possiamo sollevarci e camminare per la stanza". Procedendo con la spiegazione, disse: "In altre parole, possiamo muoverci in modo casuale e non coordinato o in maniera concentrata e controllata, pienamente consapevole, in armonia con le forze della natura, senza violare alcun principio morale o etico. Possiamo scegliere di sollevarci ed agire in piena responsabilità, camminando a piedi attraverso la stanza, con la testa alta, pienamente consapevoli delle nostre azioni, come se fossero una questione di vita o di morte".

Questo modo di vedere le cose trasforma ogni azione (o inazione) in un atto di forza. Applicando i cinque principi di Chi ai nostri pensieri, parole e azioni, possiamo rendere la nostra vita straordinaria. Praticando il Go Tao Chi, in qualunque modo possibile, facciamo sì che i nostri corpi e le nostre menti fluiscano, e si aiutino a vicenda in uno sforzo coordinato per la vera felicità.

Studio arti marziali di tutti i tipi da quasi cinquant'anni. Il che non mi rende comunque un MAESTRO, poiché non credo che esista un tale stato. Tuttavia, credo che la mia esperienza e dedizione allo studio di tutte le forme di arti marziali mi abbia donato una posizione di vantaggio unica dalla quale posso fare alcune osservazioni su somiglianze e differenze tra i vari stili che ho studiato. Chiedendomi come la mia formazione mi abbia beneficiato e influenzato, sono stato costretto a trovare modi nuovi e migliori per spiegare quello che faccio. Attraverso questo percorso, sono arrivato a quelli che, a mio parere, sono i modi migliori per trasmettere ad altri quello che ho imparato. Nella maggior parte dei casi, coloro che hanno dedicato la loro vita all'insegnamento sono stati coloro che mi hanno impartito le lezioni più memorabili. Non importa quale sia la disciplina o se gli insegnanti si considerassero dei professionisti. Un buon insegnante è colui che ha dentro di sé qualcosa che è degno di essere insegnato, e ha trovato un modo (o dei modi, che comprendono di solito anche l'essere un buon esempio) di comunicare questa informazione, fatto, stile, tecnica, prospettiva, idea o valore.

Dunque, nel corso della mia formazione (e ancora una volta, voglio ringraziare tutti coloro che hanno dedicato parte del loro tempo ad insegnarmi qualcosa), sono diventato un insegnante. Da questa prospettiva, ho sviluppato e sto insegnando ad altri un sistema di insegnamento, piuttosto che uno specifico stile di arti marziali. Ho chiamato questo progetto complessivo di apprendimento "Sistema dei cinque uccelli", e cerco di raggiungere e di insegnare un approccio disciplinato al Total Fitness.

Sono inoltre arrivato alla conclusione che i concetti siano

molto più importanti in un programma di allenamento completo, di qualsiasi particolare tecnica, arte o strumento.

Ecco alcuni dei concetti con cui lavoro:

1) La disciplina del praticante di arti marziali offre un grande vantaggio per il successo del Total Fitness.

2) Il cervello è l'arma migliore.

3) Fede e fiducia nelle nostre sensazioni sono il nostro mezzo migliore di prevenzione dell'autodifesa.

Uso il metodo di karate di Okinawa noto come Goju Ryu come base per la formazione nel combattimento corpo a corpo, che è il cuore dell'insegnamento generale. Ho scelto questo stile come fondamento perché so che è il migliore, e perché il nome significa "Metodo Hard-Soft". Tuttavia, integro tutto ciò che insegno con qualsiasi forma di movimento salutare che possa piacere agli studenti. Credo che la forma migliore di esercizio fisico sia quello fatto regolarmente. Perciò, chiedo ad ogni studente che vuole raggiungere lo status di Istruttore Avanzato o cintura nera con me di portare un contributo personale alla disciplina, applicando quello hanno imparato attraverso la dimostrazione di una "abilità speciale". Io aggiungo il mio personale metodo di allenamento, elementi delle varie arti marziali che ho studiato nel corso degli anni, e un po' di osservazione personale.

Sono diventato un insegnante professionista a causa della mia attenzione agli studenti e del mio particolare metodo di apprendimento. Imparare ad insegnare è la mia personale espressione della forma più alta di successo della mia consapevolezza. Il rapporto studente-insegnante, in sé, è semplicemente un modello della condizione naturale del padre-figlio, un altro ottimo modo di esporre l'approccio dei cinque principi.

Da insegnante, se sento o vedo qualcosa che ha senso per me, lo cito liberamente. Il risultato di quello che faccio ora con uno studente, lo chiamo Concept Training, perché sottolinea i concetti sottostanti, piuttosto che tecniche specifiche. Negli ultimi due decenni ho allenato centinaia se non migliaia di studenti, insegnando loro quello che mi è stato insegnato sulle arti marziali. Ma ho avuto molti altri maestri ed insegnanti, in molti altri campi.

Spero di non smettere mai di imparare. Alcune delle lezioni che ho assorbito mi hanno insegnato che i tempi stanno cambiando. I bisogni delle persone sono diversi da quelli che erano una volta, e, soprattutto, il modo in cui le persone imparano è in continuo mutamento. Ciò che può essere buono per un periodo di tempo, zona geografica o cultura, può non funzionare in altre circostanze. In effetti, c'era sempre una "mancanza personale" in ogni arte che studiavo: qualcosa che non sembrava del tutto giusto per me, o che non mi sembrava valido. Fu in quest'ottica che sviluppai le arti marziali dei cinque uccelli e i cinque principi del tutto. Mi rendo conto, mentre scrivo, che ci sono persone che semplicemente non capiranno o diranno che questo libro non soddisfa le loro esigenze. Ci sarà anche chi non sarà d'accordo con il mio paragonare il tai chi o altre arti marziali al Go

Tao Chi o ai cinque principi. Mi rendo conto che il tai chi (o qualsiasi altra disciplina) sia assolutamente perfetto per alcuni. Non intendo offendere nessuno né tantomeno denigrare qualsiasi arte, abilità, impresa, religione o disciplina. Ho beneficiato anch'io dallo studio del tai chi. Ho provato anche lo yoga e il sollevamento pesi. Semplicemente non imparo nessuna di queste discipline come se fosse l'unica che valga la pena perseguire. Per questo sono grato alla saggezza dei miei insegnanti.

Alla fine, tutto ciò che sto tentando di fare con i cinque principi è ridurre i concetti a unità essenziali, per comodità.

Così facendo, imparo come applicare questi concetti a azioni o tecniche, che so essere benefiche (in quanto sono state benefiche per me). Alla fine, sarà sempre solo essere in grado di affermare quello in cui credo e consentire a chi è alla ricerca di conoscenza, o ad un allievo di arti marziali o di qualsiasi altra disciplina, di seguire o rifiutare il concetto di Total Fitness. Sono tutti liberi di giudicare se i cinque principi possono o meno essere loro di aiuto nelle loro attività, e di rifiutarli totalmente se non lo sono.

A mio parere, questo libro vi aiuterà in qualche modo. Credo che quando una persona aderisce ai cinque principi del tutto, raggiunge un senso di realizzazione, un programma di esercizio a tutto tondo, una maggiore consapevolezza di difesa o seconda attenzione, uno sviluppo di una strategia di vita, una sensazione di equilibrio e benessere e un generale miglioramento della salute fisica. In ogni caso, il successo sarà misurato in termini molto specifici e personali, com'è giusto che sia. La strategia migliore è quella che Randy Pausch ha formulato nella sua ultima lezione: *Non cercare di insegnare. Racconta storie.*

Per concludere diciamo che gli esseri umani sono come una barca a vela su un grande specchio d'acqua, e si spostano con il vento. La barca non è il vento, né lo è l'acqua o gli alberi da cui è stato tagliato il legname che ha costruito la barca. Tuttavia, per raggiungere il suo obiettivo finale di realizzazione, la barca deve essere costruita secondo un piano adeguato e utilizzare il vento e l'acqua a suo vantaggio. La barca, in un certo senso, deve essere totalmente consapevole di sé e aperta a tutti e otto gli angoli. Il vento e l'acqua hanno molte somiglianze, ma non sono la stessa cosa. Quando la barca interagisce con qualunque dei due, possiamo dire che è come il vento, o in balia dell'acqua. Nessuna di queste affermazioni è, in ultima analisi, vera.

Più approfondite saranno le conoscenze del marinaio sulla barca sul vento o sull'acqua o sulla barca stessa, più queste gli saranno di aiuto nel guidare la nave verso la destinazione finale, qualunque essa sia. Il mare può essere calmo o agitato, o può avere correnti forti, e la barca deve essere manovrata di conseguenza. Il marinaio e la barca traggono beneficio dalla conoscenza, osservazione dell'acqua e intuizione. Se l'acqua è calda o poco profonda, la barca navigherà in un certo modo. Se l'acqua è gelata o profonda, ci saranno altre condizioni da affrontare.

Con il vento, l'invisibile, è lo stesso. La messa a fuoco e il controllo della barca per la raggiunta della sua destinazione possono solo sperare in un vento favorevole, e manovrare la vela a seconda del vento disponibile.

La prospettiva dei cinque principi rende la potenza disponibile, il rapporto e il risultato dell'interazione di barca, vento e acqua, senza soffermarsi troppo su uno solo di essi.

Capitolo 7
I Cinque Principi e la Traduzione

di Arianna Carloni

Ho avuto l'onore e il piacere di curare questa edizione italiana de "I cinque principi del tutto" di Gordon Richiusa. Tra i tanti aspetti interessanti del suo messaggio, sono stata particolarmente colpita dalla versatilità e l'applicabilità dei suoi principi a praticamente qualsiasi argomento o area di interesse personale.

Mi occupo di lingue e traduzione da diversi anni, un tempo piuttosto lungo della mia relativamente breve vita, e sento di poter definire la traduzione la mia "abilità personale" o area di competenza. Durante la lettura e la traduzione dei "Cinque principi", ho cominciato a pensare se i principi fossero pertinenti e potessero essere applicati anche al campo della traduzione. Com'era da aspettarsi, si sono rivelati più che pertinenti.

Innanzitutto, quando ci si appresta ad affrontare un lavoro di traduzione di qualsiasi entità è necessario avere una notevole quantità di Consapevolezza: non solo delle lingue da e in cui si traduce, ma anche della cultura di origine (ovvero quella per cui il testo è stato originariamente concepito) e di quella di destinazione (alla quale la traduzione intende rivolgersi). Chiaramente, una consapevolezza puramente teorica non porterà grandi risultati. Con una Consapevolezza Applicata in maniera ragionata e coscienziosa, invece, si avrà un'altissima probabilità di produrre una traduzione ben informata, appropriata ed efficace, che produrrà sulla cultura di destinazione un effetto il più vicino possibile all'intenzione originale.

Ogni testo, poi, è strutturato in un particolare formato a seconda del tipo di testo e del suo scopo. La traduzione deve sempre rispettare la Forma dell'originale, per quanto le differenze tra le due lingue e le limitazioni di spazio lo consentano.

Le lingue sono senza dubbio un Flusso di immagini e concetti espressi sotto forma di parole scritte o orali. Qualsiasi testo avrà anche un particolare Flusso inteso come particolare modo di collegare una parola all'altra e ogni pensiero al successivo. Il flusso originale deve essere rispettato e riprodotto, di nuovo nei limiti del possibile e delle limitazioni imposte dalle differenze linguistiche e culturali.

Nel campo della traduzione, il principio del Flusso può essere visto in connessione con quello di Armonia: ogni sequenza di parole ha un'armonia specifica e intrinseca che determina il flusso del testo in questione. L'Armonia, così come la Forma, è senza dubbio uno degli aspetti principali da tenere in considerazione quando si traduce un testo che fa molto affidamento sugli aspetti formali (per esempio la poesia).

Infine, il principio di Beneficio deve essere alla base di ogni traduzione. L'obiettivo principale di ogni traduzione interlinguistica è quello di rendere il testo originale accessibile a persone di altre lingue e culture: il beneficio del lettore di destinazione non deve essere mai perso di vista, e deve anzi motivare ogni atto di traduzione. In questo modo, il traduttore produrrà sempre un testo non solo perfettamente comprensibile per il lettore, ma anche piacevole e interessante.

Sembra dunque che i Cinque Principi siano pertinenti e sopratutto punti estremamente utili da tenere in considerazione quando si affronta una traduzione di qualsiasi tipo. Colgo l'occasione per ringraziare Gordon per avermi ispirato queste riflessioni, che arricchiranno sicuramente la mia idea della traduzione e le mie stesse abilità traduttive.

Estratti e articoli illustrativi aggiuntivi

Le sezioni seguenti mostrano come utilizzare i cinque principi in varie forme specifiche. Il primo è un'introduzione agli articoli illustrativi, seguita da una spiegazione del sistema dei cinque uccelli riportata nel volume quattro della rivista, L&L Magazine (www.L-L-Mag.com), e su WorldWideDojo.com.

Introduzione agli articoli

di Ed Tao

Ho incontrato Gordon Richiusa nella primavera del 2009, quando mi sono iscritto al suo corso di scrittura al Saddleback College Emeritus Institute. Mi colpì molto il modo in cui Gordon stimolava il desiderio interiore degli studenti e la loro capacità di impegnarsi in pensieri e discussioni profonde; e mi colpì in modo particolare la sua passione per le arti marziali, mio principale interesse fin da quando ero ragazzo. Questa passione comune ci ha permesso di instaurare una speciale affinità. Verso la fine del semestre, Gordon mi dette una copia del suo libro, Go Tao Chi, o "I cinque principi del Chi".

In seguito abbiamo avuto numerose discussioni sul libro e vari argomenti relativi alle arti marziali. Mi ha colpito molto la vastità delle conoscenze di Gordon, che vanno molto al di là delle arti marziali. Per me, la bellezza di questo approccio è la sua semplicità e l'applicabilità ad una serie così ampia di settori. Gordon ha vinto un Premio alla Carriera ed è stato inserito in due Hall of Fame delle arti marziali. È anche un abile scrittore, insegnante e pensatore con un ampio e variegato background accademico e professionale. Imparando a conoscere Gordon, ho capito come abbia sviluppato tutte le sue abilità speciali dalla stessa semplice prospettiva dei cinque principi. Ha insegnato anche scrittura usando gli stessi termini. Nell'arco della nostra conoscenza, non mi ha mai chiesto di abbandonare il mio percorsi, o cambiare la mia prospettiva. Mi ha semplicemente guidato facendo da esempio.

Alla fine, ho iniziato ad applicare i principi di "Go Tao Chi" (era così che chiamava i cinque principi in quei giorni) alla mia scrittura, alla pratica di tai chi, ad altre attività sportive (tennis, golf) e interessi personali (pratiche relative alla salute e al benessere). Con mia piacevole sorpresa, ho notato che applicare questi principi funziona sempre molto bene. Quando ho cercato di capirne le ragioni, mi sono reso conto che la prospettiva dei cinque principi ha molti punti in comune con alcuni degli insegnamenti di maestri e grandi maestri di svariate discipline. Mi considero un bravo studente, e dato che sono abituato alla pratica del tai chi (che ho iniziato nel 1972), lasciatemi usare il tai chi come esempio per illustrare i cinque principi in correlazione alla mia esperienza.

Nella pratica del tai chi, è molto importante capire la natura e il ragionamento dietro le lezioni.

I principi di consapevolezza e di beneficio sono molto legati l'uno con l'altro. Come ogni attività umana, devono essere aggiornati per adattarsi alle mutevoli circostanze del come e perché questa forma è praticata (principio della forma e dell'armonia). Ad esempio, quando la pratica del tai chi era al suo picco, era considerata un'arte marziale suprema, e il fatto che fosse estremamente benefico per la salute era un aspetto secondario. Al giorno d'oggi, i benefici per la salute sono spesso le ragioni principali per cui si inizia a studiare il tai chi e altre pratiche simili. Dalla fine degli anni '70 si è diffusa la pratica cinese del Qigong: la pratica moderna del tai chi deve essere aggiornata ed integrata con la "consapevolezza" dei vari stili di Qigong e i suoi stupefacenti benefici per la salute.

Ho cominciato a studiare qigong nel 1992, ed ho avuto l'opportunità di avere il Dottor Yan Xin come maestro. Avevo partecipato a tre laboratori principali (3, 8 e 24) e numerose altre attività del gruppo principale. Durante il laboratorio n. 24, il Dr. Yan Xin insegnò i famosi 24 passi dello stile Yang di tai chi con l'aggiunta di alcuni elementi di Qigong. Questo mi ha aperto la mente sulla pratica del tai chi. (Nota: ci sono molte varianti dello stile Yang. Nello stile Yang semplificato, che è stato standardizzato in Cina e praticato ampiamente oggi, ci sono 24 movimenti). Con l'aggiunta della tecnica di Qigong, lo stile standard Yang può essere praticato in maniera più aggraziata e uniforme, e molto più a lungo (dagli usuali 5-10 minuti ai 30-60, se non di più). Questo dimostra che l'aggiunta di nuovi elementi può rivitalizzare le arti marziali tradizionali, e migliorarne la dinamica. Questo sembra coincidere con il secondo principio del "Go Tao Chi", il principio del flusso. Per me, il principio del flusso o movimento è un processo dinamico, o in continua evoluzione, dove l'evoluzione non finisce mai. Sottolinea anche che movimento, azione e motivazione sono tutte diverse prospettive dello stesso principio base. In altre parole, come ci muoviamo, la velocità a cui ci muoviamo, il motivo per cui ci muoviamo (o non ci muoviamo) derivano tutti dal principio di base del flusso.

I movimenti del tai chi sono stati insegnati passo per passo dai dai maestri nel corso degli anni. Un "sistema di Tai Chi" dovrebbe includere la boxe a mani nude (Tai Chi Chuan), le pratiche di combattimento (spinta delle mani) così come la spada il dao (pugnale), il ventaglio, eccetera. Ogni sottosistema ha le sue forme particolari che richiedono anni ed anni di pratica per poter essere considerate "appropriate o corrette", sempre tenendo a mente le lezioni più grandi che possono essere apprese dal praticante. Questo è ciò di cui parla il terzo principio di "Go Tao Chi", il principio della forma. Qui, il mio esempio di tai chi si concentrerà solo sulla boxe a mani nude o Tai Chi Chuan (tenendo in conto movimenti base del corpo e la chinesiologia) e il concetto generale del chi come un sistema di fondazione, con la sua applicazione e importanza per la medicina cinese.

Se facciamo una ricerca sul principio del tai chi, il maestro che l'ha reso popolare nella tarda dinastia Chin ed è stato molto determinante nel documentare i principi del tai chi per i discepoli di oggi è Chenfu Yang (1882-1935).

Esaminiamo alcuni dei principi del movimento del tai chi dagli scritti del Maestro Yang (dal "The Tai Chi Chuan Application with Diagram", pubblicato dalla Five Continent, Taipei Taiwan 1984, p12): "In qualsiasi movimento, assicurarsi di mantenere leggerezza e agilità in tutto il corpo, il chi deve fluire liberamente. Lo spirito deve mantenersi concentrato internamente; nessuna vulnerabilità, niente di concavo o di convesso, niente rotture o interruzioni dei movimenti. La radice (di movimento) nasce dai piedi, sale attraverso le gambe, viene diretto dal girovita e completato da mani e dita. Dai piedi alle gambe alla vita, il movimento è completamente integrato. Si ottiene vantaggio muovendosi in avanti o all'indietro. Quando si perde il vantaggio, la causa principale è molto probabilmente nella vita o nelle gambe. Il movimento in ogni direzione (su/giù/avanti/indietro/sinistra/destra) si basa su questo stesso principio. Sono tutti movimenti derivati da un intento interiore...”.

In base a queste descrizioni, i movimenti tipici del tai chi sono pensati per ottenere un vantaggio mascherando la reale intenzione dell’obiettivo finale. Prosegue dicendo “quando si attacca la parte superiore, il vero obiettivo può essere la parte inferiore; lo stesso con la sinistra/destra. Quando si desidera sollevare l'avversario, facendo apertamente pressione su di lui, si induce l’avversario a contrastare la forza di pressione, e se ne perde il centro di gravità, che è la chiave per ottenere vantaggio. Sempre distinguere le posizioni. Non importa dove o quale parte del corpo è in azione. Tutto il corpo è completamente collegato, non ci sono parti isolate”.

Ogni serio praticante di tai chi può apprezzare i principi di cui sopra, presenti in molti aspetti dell'insegnamento e pratica del tai chi. Questi sono i principi fondamentali, che sono la forma base per il terzo principio del Go Tao Chi: il principio della forma. Con ogni singolo passaggio del Tai Chi Chuan (posture e tecniche nel Tai Chi dei Cinque Uccelli), bisogna seguire questi principi per essere fedeli ai movimenti di tai chi ed essere in grado di chiamare quello che stiamo facendo “meditazione in movimento”.

Negli ultimi secoli, il tai chi come ramo delle arti marziali è molto cambiato. Gli stili praticati oggi sono versioni semplificate dello stile originario. Indubbiamente la pratica continuerà ad evolversi, modificarsi e adattarsi alle generazioni presenti e future. La sua adattabilità nel tempo è esattamente quello che richiede il quinto principio del Go Tao Chi, il principio dell'armonia o adattabilità. Infatti, i sistemi migliori (siano di arti marziali, di governo o tecniche di insegnamento) sono quelli che non sono stagnanti o restrittivi e che possono essere diretti verso obiettivi in continuo movimento.

Nota biografica: Edward Tao è nato nel 1950 a Taipei, Taiwan. Si è trasferito negli Stati Uniti nel 1976 per motivi di studio. Ha ottenuto un Master in ingegneria industriale alla Auburn University nel 1978, e, nel 1983, un MBA all'Università di Toledo. Per la maggior parte della sua carriera professionale, Ed ha lavorato nelle industrie automotiva e manifatturiera come un consulente di qualità (Omnex, Apex Consulting), direttore della qualità (Ultra Motor, Arvin Meritor, Dana), responsabile di qualità del fornitore (Tenneco Automotive), manager di produzione e di qualità, ingegnere industriale e ingegnere di produzione. Tra i suoi interessi principali ci sono le arti marziali, il qigong, il tennis, il golf, leggere e viaggiare. Questo articolo è stato originariamente scritto in inglese, sua seconda lingua, e successivamente tradotto in Cinese.

Il sistema dei cinque uccelli

di Rick Burgin

Cosa rende uno stile di arti marziali uno stile vero e proprio? Cosa rende un combattente un praticante di arti marziali? E come possiamo definire uno stile che si fonda interamente su idee? Queste e altre domande intriganti stanno spingendo sempre più persone ad avvicinarsi ad una forma di arti marziali piuttosto nuova, ma insegnato tradizionalmente: il sistema dei cinque uccelli.

Concept Training

"Quello che mi ha attratto del sistema dei cinque uccelli è stato il modo in cui mi è stato insegnato", dice Karl Goldschmidt, studente triennale del sistema dei cinque uccelli di Gordon Richiusa;

eclettico sistema di arti marziali con l'obiettivo molto specifico di allenare i praticanti di arti marziali.

Per raggiungere questo obiettivo, il sistema dei cinque uccelli si concentra sui bisogni individuali dello studente, riduce quasi tutto a i cinque componenti di base ed enfatizza un metodo di insegnamento semplificato denominato "concept training". Questa forma di allenamento riconosce il triangolo mente, corpo e spirito comune alla maggior parte delle arti marziali. Ma la mente e il corpo sono considerate entità distinte che possono essere allenate separatamente e fare progressi a velocità diverse. In questo sistema, allo studente vengono spiegate le ragioni per le quali sta imparando una certa tecnica, molto prima che sappia effettivamente in cosa consiste la tecnica.

"Mi piace il modo in cui gli studenti vengono costantemente spinti a trovare risposte. È come essere parte di un esperimento, ma avendo già i risultati. Ci viene chiesto spesso "quanti di questo" o "quante parti ci sono di quello". Ci è stato detto nella nostra prima lezione che la risposta è quasi sempre cinque. Così, all'inizio rispondiamo automaticamente; ma poi siamo costretti a riflettere sulle domande ed a comprendere il significato di ciò che stiamo dicendo".

Gordon Richiusa, direttore e fondatore del sistema dei cinque uccelli, ammette che il suo metodo di insegnamento è vecchio come Socrate nel suo stimolare costantemente l'allievo a trovare risposte, sia a livello fisico che mentale, creando un dialogo interiore. "Questa è la parte tradizionale del mio metodo. Non ho difficoltà ad ammettere che faccio grande affidamento su ciò che grandi pensatori e maestri di arti marziali hanno detto prima di me. Ecco perché le mie tecniche non assomigliano semplicemente al Goju-ryu tradizionale, lo stile di karate alla base del mio metodo. Un praticante di jujitsu potrebbe vedere che cosa facciamo e, magari, chiamarlo jujitsu. Un praticante di kung fu potrebbe trovare somiglianze con la sua arte. E ho sentito anche praticanti di hap ki do, kempo, isshinryu e tai chi paragonare il mio metodo alle rispettive discipline".

C'è una ragione per questo fenomeno. I concetti dei cinque uccelli si basano sull'idea centrale che tutti gli stili abbiano somiglianze e che le somiglianze sono tutto ciò che ci dovrebbe interessare. Non è che tutti gli stili siano veramente identici. Molti studenti di Gordon, infatti, provenivano da altri stili. Alcuni sono addirittura passati ad altri stili dopo aver studiato con Gordon. "Ogni stile enfatizza alcuni aspetti specifici o concetti, ma, in definitiva, stanno tutti cercando di realizzare gli stessi obiettivi: autodifesa, autodisciplina, autoconsapevolezza o una combinazione di questi. "Il nostro obiettivo", spiega Wes Cotton, studente del sistema dei cinque uccelli da 15 anni e istruttore senior. "come insegnanti di arti marziali, è quello di presentare idee e situazioni nei modi più memorabili ed emozionanti. Quando sono arrivato da Gordon provenivo dallo stile kenpo. Non me ne ha mai fatto una colpa, e l'ha sempre considerato un vantaggio. Perciò ora, da insegnante, se voglio utilizzare una spiegazione che ho sentito in una classe di kenpo, va bene. Gordon ha fatto la stessa cosa con me!"

Il sistema dei cinque uccelli utilizza il tradizionale stile di karate di Okinawa del Goju Kai come una fondazione, ma insegna anche un certo numero di armi tra cui Kyudo (tiro con l'arco), bo e jo-do (tecnica personale di lancia lunga e breve), kenjutsu (scherma), così come un certo numero di arti di sopravvivenza (arrampicata, identificazione di piante commestibili, tracking). Il sistema dei cinque uccelli esiste da circa 25 anni, ma è solo recentemente che Gordon ha cominciato a ufficializzare le sue tecniche e metodi di insegnamento. "Gordon ha studiato, ha guadagnato il rango a e ha insegnato per molti studi e stili diversi", spiega Brian Wallace, un amico ed allievo di Gordon negli ultimi tredici anni. "È nel mondo delle arti marziali da 36 anni, ma ha sempre considerato i suoi metodi solo come un metodo di insegnamento, piuttosto che come uno stile vero e proprio".

Dato che sempre più persone hanno cominciato a dedicare il loro tempo agli insegnamenti di Gordon, il sistema dei cinque uccelli cominciò a prendere forma. "Dall'inizio della mia formazione, ho conosciuto svariati altri maestri che avevano tutti le proprie tecniche speciali e volevano condividerle. Nessuna di queste tecniche mi sembrava avere molto a che fare con il karate, ma tutte partivano da convinzioni simili. Cosa ancora più importante, tutti questi maestri avevano altre autorità, miti e leggende che citavano e seguivano. Dopo un po', le leggende e le storie hanno cominciato a diventare i miei maestri. Mi è stato detto come questo o quel maestro aveva osservato la natura e dedotto principi scientifici. Mi è stato detto di osservare la natura come avevano fatto i maestri. Seguendo questo esempio, sono diventato parte di un quadro più ampio, molto tempo prima di acquisire un buon livello. Cominciai a trasformarmi senza rendermene davvero conto. Dovevo solo fidarmi dei miei maestri e accettare l'idea che la formazione alla fine avrebbe reso tutto chiaro".

"Nel sistema dei cinque uccelli", spiega Gordon, "abbiamo capito che uno studente deve essere accompagnato, quasi ingannato, nell'apprendimento. Il concetto di fondo è che imparare ad interiorizzare la tecnica richiede anni di duro lavoro. Quasi nessuno sarebbe disposto ad iniziare un viaggio del genere se gli o le venisse detto che non si può spiegare cosa effettivamente si sta apprestando ad imparare e che la formazione non sarà mai veramente completa. Così, per ingannare il corpo, la mente è mantenuta attiva con frasi accattivanti, consigli, storie, domande. Questo occupa abbastanza tempo da dare modo al corpo di mettersi al pari. Quindi, ci accertiamo che ciò che riteniamo essere vero sia effettivamente vero, confrontando i risultati con ciò in cui una serie di praticanti di arti marziali hanno creduto prima di noi. Quando qualcosa sembra funzionare, si ripete ancora e ancora. Usiamo anche le stesse parole più e più volte".

L'intero processo, secondo Gordon, è niente più di quanto ci si dovrebbe aspettare da un buon rapporto studente-insegnante. È per questo motivo che il sistema dei cinque uccelli si definisce il primo stile modellato sullo studente, ed è per questo che prende ispirazione da molte altre arti e scienze.

"Per essere un buon insegnante dovresti ovviamente conoscere la materia", spiega Gordon. "Ma è anche necessario trovare modi per rendere le lezioni interessanti e memorabili. Posso insegnare a chiunque a dare un calcio perfetto... una volta. La difficoltà sta nel far sì che le loro menti e i loro corpi si ricordino come farlo una seconda volta e per il resto della loro vita. Poi, faccio loro capire che il mio vero obiettivo è dimostrare loro che dare pugni e calci, dopotutto, sono competenze molto limitate. Se impariamo solo a dare pugni e calci in un corso di arti marziali, abbiamo davvero perso tempo".

Perché cinque? Cinque è un numero essenziale in molte forme di arti marziali (cinque sensi, cinque animali, cinque potenze, cinque strategie di Sun Tzu e cinque posizioni di Miyamoto Musashi) ed è il numero da ricordare nel sistema dei cinque uccelli. I cinque uccelli (aquila, civetta, falco, avvoltoio, corvo) rappresentano non solo singole caratteristiche, strategie e obiettivi: ognuno di essi è una parte essenziale del tutto.

"Come i diversi tipi di combattimento, i cinque uccelli tutti hanno modi molto diversi di sopravvivere. Tuttavia, hanno tutti in comune una cosa fondamentale. Volano! Hanno tutti successo nonostante le loro limitazioni; hanno tutti sia punti di forza che di debolezza. L'aquila è una metafora per la tecnica di combattimento corpo a corpo, lo spirito e la capacità di utilizzare la vista. Il falco rappresenta la velocità e la triangolazione e ha grande coraggio. Il gufo è un uccello molto basico. La sua sopravvivenza si basa sulla semplice abilità. Si posa su un albero e aspetta che la cena vada da lui! Un movimento rapido e silenzioso è tutto ciò di cui ha bisogno. Pertanto, ci insegna anche la tecnica della mimetizzazione e il senso dell'udito. Dall'avvoltoio impariamo l'umiltà e l'onore del guerriero, come utilizzare una serie di armi e il senso dell'olfatto. Il corvo rappresenta l'adattabilità, la volontà di respingere la tecnica. È un uccello che riunisce tutte le altre strategie, senza padroneggiare completamente nessuna di queste. È anche l'unico uccello che esegue i suoi movimenti regali per puro divertimento".

La strada per che cosa?-

Dato che ogni stile di combattimento può avere dei punti deboli, la conoscenza delle debolezze può essere inestimabile. E i punti di contatto? Una delle prime lezioni per gli studenti del sistema dei cinque uccelli include una spiegazione della parola Dojo. Come con ogni aspetto del Concept Training, tutte le informazioni sono di uguale importanza e tutte le arti sono trattate con uguale rispetto. Tuttavia, dietro ogni piccola parte di formazione c'è un concetto sottostante più ampio che si cerca di far arrivare allo studente. A volte, neanche l'insegnante sa qual è il concetto più ampio. Purché lo studente si avvicini alla formazione a mente, corpo e spirito aperti, le basi per raggiungere l'illuminazione ci sono già. Le lezioni sono intorno a noi. Non dobbiamo fare altro che carpirne il significato. "Può essere un problema concentrarsi troppo sulle definizioni, però", dice Gordon. "Mi sono ritrovato in numerose conversazioni animate in cui mi si chiedeva se avessi studiato Goju Ryu o Goju Kai. I maestri possono davvero incastrarsi sui tecnicismi. Per me, che differenza fa?".

Gordon dette questa spiegazione della parola Dojo: "Letteralmente tradotta la parola "do" denota qualcosa come "la via". Karate-do è la via dell'apprendimento del karate, o tecnica della mano vuota. Ken-do è la via per imparare la spada. Bu-do è la via del guerriero.

Il suffisso "jo" è una parola che indica un luogo. Così, Dojo, significa letteralmente, il luogo della via, o il luogo dove si va per imparare la via. A questo punto sorge spontaneo chiedersi "la via verso cosa". Se uno studente porge questa domanda, so che ha potenziale, perché sta usando sua migliore arma: il cervello. Se lui o lei non fa questa domanda, allora gliela faccio io". È fondamentale, nel sistema dei cinque uccelli, capire l'importanza delle piccole cose. La capacità di rispondere a domande, in sostanza, è il punto di demarcazione tra ciò che denota un'arte marziale da una mera tecnica di combattimento.

Pertanto, la cosa fondamentale che uno studente si deve chiedere riguardo ad uno stile, quando sta pensando di dedicarvi anni di studio, è se quello stile può essere una via per raggiungere qualcosa o se insegnerà soltanto a combattere. "Se una persona vuole imparare a combattere, consiglio di andare in un quartiere malfamato e scatenare risse. Se sopravvive, imparerà sicuramente a combattere ed avrà anche risparmiato un sacco di tempo a me e soldi a sé".

In poche parole, l'idea è che si praticano le arti marziali con diligenza, perché stiamo veramente cercando di raggiungere una speciale illuminazione o conoscenza. Ci sono un sacco di buoni combattenti che non sono assolutamente praticanti di arti marziali. Perché? Perché non c'è nessuna anima, nessun senso ultimo dietro la loro formazione. Nel mio metodo, cominciamo con l'intento di intraprendere un cammino, la via. Se non c'è quel desiderio, lo studente deve andare da qualche altra parte a studiare. Io non insegno a combattere, nonostante durante il mio percorso si impari anche una buona tecnica di combattimento. Insegno nella stessa maniera tradizionale che è stata insegnata a me. Insegno arti marziali come un modo di vita, un modo per migliorare le proprie prospettive. Qualsiasi azione intrapresa in quest'ottica porterà gli stessi benefici. Non deve necessariamente essere un'arte marziale. Ma dato che le arti marziali sono il mio campo di competenza, sono anche alla base di ciò che insegno.

Qualsiasi cosa è meglio di niente-

Uno dei concetti più importanti nel sistema dei cinque uccelli è *qualsiasi cosa è meglio di niente* .

Per illustrare l'applicazione di questo principio Gordon utilizza diversi metodi, ma uno dei più coloriti e memorabili è quando lega un nuovo studente e poi gli chiede di liberarsi. Di solito, dice Gordon, lo studente si irrigidisce e dice che non ne è capace, perché nessuno gli ha mai insegnato a liberarsi da un groviglio di corde.

Gordon, o uno degli altri insegnanti, invita a quel punto lo studente a "Pensarci un attimo" e lo istruisce su come liberarsi, guidandolo attraverso un processo che lo studente dovrà perfezionare durante il resto della formazione. Alcune frasi ripetute spesso durante questo processo sono:

1) Cosa stai cercando di realizzare? Non perdere mai di vista il tuo obiettivo reale.

2) Ci sono punti di forza e punti deboli nel tuo avversario e in te stesso.

3) Se la corda è il tuo avversario, quali sono i suoi punti deboli?

4) Non dimenticare, qualsiasi cosa è meglio di niente.

"Tutte le nostre lezioni sono orientate verso un obiettivo. Nell'esercizio della fune, l'obiettivo è liberarsi dal groviglio. E per quanto le funi possano essere aggrovigliate, ci saranno sempre dei punti in cui le funi non aderiscono al corpo della persona legata e creano una sorta di "buco". L'unica cosa da fare è allargare uno di questi buchi: il resto della fune si allenterà di conseguenza. Se non si fa niente, le funi rimangono strette. Non devi necessariamente sapere come "combattere" le funi. Qualsiasi movimento finirà per allentarle. Qualsiasi movimento, in questo caso, è meglio di nessun movimento. Di volta in volta, dimostriamo che questo tipo di atteggiamento farà la differenza tra successo e fallimento".

Il cervello è l'arma migliore-

Questo è un altro concetto fondamentale nel sistema dei cinque uccelli, ed ha due aspetti principali. Per illustrare il primo,

Gordon racconta agli studenti un aneddoto della sua vita personale. "Ai tempi del liceo frequentavo una scuola tutt'altro che prestigiosa. Tutti sembravano essere costantemente in cerca di guai, ed era necessario appartenere ad un gruppo per poter anche solo pensare di sopravvivere all'interno della scuola". Il primo giorno di scuola di Gordon, un gruppo di una trentina di ragazzi più grandi stava circondando ogni sventurata matricola che varcava la soglia della scuola. "Quel giorno ero anch'io una povera matricola, e mi ritrovai improvvisamente circondato da trenta avversari che minacciavano di picchiarmi se non gli avessi dato i miei soldi del pranzo. All'epoca avevo già frequentato diversi anni di karate e mi ritenevo piuttosto bravo. Ma per fortuna, invece di combattere, ebbi un momento di illuminazione e mi venne in mente un tipo completamente diverso di strategia. Cominciai a recitare Shakespeare! Feci una scena di Romeo e Giulietta, e man mano che recitavo mi spostavo sempre più lontano dal gruppo. Finita la scena, scappai. Nessuno del gruppo si era mosso: la mia performance li aveva colti di sorpresa ed erano rimasti come imbambolati ad ascoltarmi". Il giorno dopo, Gordon fu circondato dal solito gruppo di ragazzi. Invece di chiedergli di nuovo soldi e minacciarlo, uno di loro disse "Ehi, ecco quello strano. Facci ancora un po' di Shakespeare".

"Dovetti imparare un sacco di scene da atti diversi, ma nessuno di loro mi minacciò mai più. Diventai una sorta di mascotte, una sorta di scemo del villaggio dato che tutti dicevano che ero un po' svitato, ma comunque mi rispettavano". Cosa ha imparato Gordon d questa esperienza? “Bisogna essere disposti ad abbandonare la tecnica! La creatività premia sempre, e le parole sono potenti”. In seguito, questo tipo di pensiero fu tradotto in una delle cinque strategie fondamentali per superare un avversario: “cambia il gioco”. Divenne inoltre il centro dell'interesse di Gordon per la scrittura creativa.

Si riferisce anche ad un errore comune a molti stili. Tutti impariamo ad accettare la premessa che la conoscenza è potere. In un confronto diretto, uno contro uno, la verità in questa affermazione può assumere significato immediato e tangibile, anche in un azione semplice come tirare un pugno. “Ho sentito gente condannare il Tae Kwon Do come inefficace, ma ho conosciuto alcuni combattenti di quello stile molto bravi e la cui tecnica era tutt’altro che inefficace. Ho anche visto persone sbalordite da calci che potevano essere facilmente parati, se il difensore ne avesse avuto esperienza in precedenza”.

In altre parole, la gente dimentica spesso ciò che stanno esattamente cercando di realizzare, e concentra le proprie attenzioni nella zona sbagliata. Questo è vero sia nel combattimento a mani nude che armato. Quando si è nel bel mezzo di un combattimento, non è un buon momento per lasciarsi impressionare dall’altezza dei calci dell’avversario, o dal fatto che sia armato e voi non lo siate.

Concentratevi sulla lotta contro l’avversario e siate disposti a “lasciar andare la spada”, come disse Musashi. Se avete un’arma preferita che in quell’occasione non vi è possibile usare, dovete avere un piano di riserva. Dovete rendervi conto che se qualcuno vi attacca brandendo un'arma, sta cercando di approfittare del vostro spavento sfruttare la vostra paura a suo favore.

Molte volte, se potete disarmare l'avversario o prendere il controllo della sua arma, l'avversario concentrerà tutti i suoi sforzi sul ristabilire il controllo sull'arma: e questo darà immediatamente un vantaggio a voi. Se venite attaccati, usate la vostra arma migliore e combattete l'avversario con qualsiasi arma abbiate a disposizione".

Consapevolezza della difesa —

Secondo il sistema dei cinque uccelli, la consapevolezza della difesa è parte di una strategia di vita.

"La consapevolezza della difesa è un concetto basato sul comprendere che ogni stile, proprio come ogni individuo, ha sia punti di forza che debolezze. L'unico conflitto che una persona può garantire di vincere è quello in cui non deve lottare. Riguarda anche la differenza tra paranoia e consapevolezza applicata, uno dei principi fondamentali di Chi".

Scoprire la tua via verso una vita di successo si basa sulla convinzione, prima di tutto, che una vita di successo sia possibile. Per capire cosa sia veramente il successo, poi, possiamo chiederci cos'è che tutte le persone stanno veramente cercando di ottenere. La risposta è la felicità. "Qualunque sia l'obiettivo individuale delle persone, potrà sempre essere ricondotto al raggiungimento della felicità", dice Gordon. "E c'è differenza tra felicità e piacere. La felicità è un obiettivo semplice, intrinseco alla natura umana, che ci sostiene per tutta la vita.

Il piacere è breve e superficiale. Ciò non significa che la felicità non possa dare momenti di piacere. Ma se ci sforziamo per raggiungere il piacere, raggiungeremo solo un obiettivo superficiale. Una strategia di vita di successo deve essere un piano facile da seguire, per il quale nessuno debba soffrire".

Ogni stile ha anche qualcos'altro in comune, ovvero la compresenza di punti di forza e di debolezza. Nessuno stile è meglio o peggio dell'altro, e tutto sta nella dedizione del praticante verso la perfezione o nella sua capacità di portare avanti le sue strategie. Il sistema dei cinque uccelli sottolinea l'interrelazione tra le cose, le leggi naturali e la geometria.

Per esempio, quando un insegnante dei cinque uccelli dimostra una tecnica, non si ferma mai lì. Vi mostra anche alternative e variazioni, così come debolezze e punti di forza di quella tecnica. "Dopo tutto, qualcuno può utilizzare la tecnica contro di voi un giorno. E cosa fareste a quel punto?".

Ci sono almeno due prospettive da cui visualizzare ogni conflitto. Dovete essere a conoscenza di tutte le opzioni che avete a disposizione in una determinata situazione, e considerare anche di cosa è capace il vostro avversario prima di prendere una decisione saggia su quale strategia adottare. "La conoscenza diventa forza", dice Gordon. "Se so che il pugno del mio avversario non è abbastanza stretto per farmi del male ma potrebbe al contrario causare più danno a lui, invece che bloccargli il pugno potrei decidere di lasciarlo scaricare. Sapere distinguere un buon pugno da uno cattivo può costituire un vantaggio in questo tipo di incontro".

Il sistema dei cinque uccelli cerca di ridurre le cose alla loro essenza, e di avere un impatto sull'individuo attraverso l'insegnamento e le tecniche consentendo sempre un certo spazio per la sperimentazione e la crescita individuale. È semplicemente un modo di insegnare i principi più generali delle arti marziali, che si allontana però dalla tecnica in senso stretto per incentrarsi sul come aiutare lo studente a diventare la migliore persona possibile in qualsiasi potenziale situazione.

Cinque parti di una tecnica di auto difesa—

Qualunque sia la tecnica praticata, ci sono sempre cinque parti che devono essere realizzate. Sono stato uno studente di Frank Dux e del suo sistema FASST, e anch'esso è basato su cinque parti. Nel sistema dei cinque uccelli per le arti marziali, il primo punto è "Difenditi". Spesso questa operazione viene eseguita con un blocco o un contrattacco. Il secondo punto è "abbassare il proprio centro di gravità". Per una difesa efficace, il terzo punto da seguire è fare un Break-Up, ovvero abbandonare il ruolo di difesa e contrattaccare. Segue il momento in cui si deve prendere il controllo, e, infine, c'è la chiusura. Questo è il momento in cui capiamo che il primo attacco è stato annullato e non è più una minaccia.

"Anche in una semplice tecnica di blocco e contrattacco", spiega Gordon, "se hai intenzione di avere successo e farlo bene, ti devi difendere. Il tuo centro di gravità si abbassa ogni volta che assumi una posizione stabile, e anche cadere correttamente è una tecnica di autodifesa, perché prevede partecipazione attiva. Si deve anche invertire il ruolo di vittima/aggressore, che è quello che chiamiamo un break-up.

"Un break-up potrebbe essere semplice come afferrare l'avversario, gridare o sferrare un colpo. Molte volte, le prime tre fasi avvengono esattamente nello stesso momento. Poi, arriva un punto in cui hai il controllo, sia perché stai bloccando l'avversario in una stretta o perché il tuo attacco iniziale è stato efficace. Ora puoi decidere come terminare l'attacco. Se emerge una nuova situazione, come un secondo pugno, l'intero processo ricomincia da capo".

Gli antichi praticanti di arti marziali e strateghi non hanno inventato i loro stili e idee in modo casuale. Hanno osservato la natura e il ruolo dell'essere umano nello schema delle cose. Le abilità che hanno imparato si sono dimostrate efficaci in qualche modo. Hanno fatto quello che hanno fatto e detto cosa hanno detto a causa delle condizioni in cui si trovavano al momento della loro formazione. Alcune persone si prendono gioco della tecnica tradizionale, ma non importa quanto ci convinciamo di essere cambiati dai tempi antichi: fondamentalmente, siamo ancora gli stessi esseri umani.

Le nostre mani e piedi si muovono ancora nello stesso modo e il nostro universo è fatto di solo due forme geometriche: linee dritte e curve. Credo che le leggi di Newton ed Einstein avrebbero avuto senso per gli antichi se gliele avessimo potute spiegare. La teoria di Einstein di conversione di massa e velocità in energia è vera oggi proprio come lo era prima che sapessimo che cosa significasse. La quantità di energia che una cosa, un'arma, un pugno, un piede possono generare si basa su velocità e massa. Spostando qualcosa di molto piccolo, ma ad una velocità adeguata, si può generare un'energia considerevole. Le parole degli antichi maestri, per me, sono come libri in una grande biblioteca orale. I libri non vengono conservati in una biblioteca perché sono inutili, e i maestri non insegnano o imparano, tecniche inutili. Se inseriamo le prospettive e tecniche individuali su questa scala più ampia, allora c'è qualcosa di prezioso da imparare da ogni persona disposta a dirti quello che pensa! E questo vale soprattutto se ci dicono perché pensano quella determinata cosa".

I Cinque Principi nel Business

di Steve Galvanoni

Nota: queste informazioni sono state divulgate, in forma più o meno dettagliata, a tutti i clienti di ETC. Le informazioni qui di seguito costituiscono anche la maggior parte di molti laboratori di Steve Galvanoni sul business di successo. Un ringraziamento speciale al signor Galvanoni per aver condiviso con noi questo saggio così prezioso.

Nella visione del Business di ETC, sono presenti i cosiddetti **Business driver.** Questi includono la *Forza finanziaria*, che si riferisce alla crescita (fatturato e redditività), l'*espansione* (fusioni e acquisizioni), *le prestazioni operative* (SG & A) e *Gestione del rischio*. Un altro Driver è il *Portfolio di prodotti*. Con il portfolio di prodotti abbiamo le *Competenze di base* (prodotti e servizi), la *Consapevolezza del marchio* (Mind Share, competitività del servizio clienti) e *Sviluppo di nuovi prodotti*. Un altro driver da tenere in considerazione è quello dei *Canali di distribuzione* che comprende le Group Shared Service Operations, strutture & operazioni, servizi elettronici (e e c), centri di cura del consumatore e i clienti Business. L'ultimo business driver è *Servizio clienti con il* Consumer Value Proposition (quota di mercato), Marketing/Advertising e Member Service Responsiveness.

Oltre ai Business driver, si devono anche tenere presenti gli Information Technology, dato che l'Information Technology è una dinamica che può influenzare il successo dell'operazione. **Senza entrare nel dettaglio, le cinque considerazioni essenziali sono: persone, prodotto, processo, piattaforma e partners.**

La prospettiva che utilizziamo è chiamata Strategic Information Systems Planning Solution Approach. Il primo livello è quello della valutazione dell'impresa, dove ci si chiede a che punto è la propria impresa. In secondo luogo, si applica la definizione di una soluzione strategica, la quale, tenendo in considerazione i vostri punti di forza e debolezza, il vostro attivo e passivo, porta ad un'altra domanda: a che punto dovrebbe essere l'impresa?". In terzo luogo, dopo aver analizzato la situazione e determinato ciò che in definitiva stiamo cercando di realizzare, ETC vi aiuterà a rispondere alla domanda finale: qual è la soluzione migliore e come ci si arriva?

Il mio nome è Steve Galvanoni, e sono CEO di ETC. Ho speso più di 25 anni della mia carriera di business avendo a che fare con codici a barre e sistemi informatici. La mia esperienza nel business mi ha permesso di comprendere i cinque principi in questo modo: il primo principio è la consapevolezza applicata, che ha a che fare con la domanda "Che cosa vuoi realizzare?". Ho partecipato alla fase iniziale dell'invenzione del codice a barre, e il nostro obiettivo, con i produttori di generi alimentari americani e il Supermarket Institute, era quello di realizzare un sistema unico di marcatura di beni di consumo che consentisse la tracciabilità e la scansione di questi particolari codici a barre per scopi informativi. Il secondo principio è quello del beneficio. In questo caso abbiamo voluto fornire informazioni che potessero essere benefiche per il rivenditore o per l'individuo, in modo da poter vedere particolare movimento in determinate categorie in negozio, relative a quel particolare prodotto. C'erano molti modi di realizzare la raccolta di tali informazioni, il che si collega al terzo principio, quello della forma. Abbiamo iniziato con la simbologia del codice a barre che è associata con acquisizione dati e trasferita a più tipi di codici a barre diversi tra cui il codice UPC, codice a barre D 2. Oggi, così come con la tecnologia RFID o tag, questo sistema fornisce una quantità significativa di informazioni senza alcun intervento umano. Prendiamo anche in considerazione, come con il principio del flusso, che l'universo aziendale non sta fermo ma è, al contrario, in continuo movimento.

Questo è particolarmente vero per quanto riguarda la tecnologia mobile e la scansione di codici a barre. Se si guarda nel passato alla legge di Moore e la formazione di Intel, si vedrà che la memoria per i dispositivi è andata aumentando in maniera graduale ma decisiva, in un arco di tempo piuttosto breve. Inoltre vedrete che, anche solo considerando l'esempio dei diversi tipi di metodologie di codici a barre, queste tecnologie sono avanzate in modo significativo. L'ultimo ma non meno importante aspetto da considerare è l'armonia o equilibrio di tutta la tecnologia. Questo è molto importante, perché quando si applica la tecnologia alle persone è necessario disporre di tecnologie che sono facilmente comprensibili, così che possano anche essere adattabili. Oggigiorno, l'intermediazione di smartphone e altre tecnologie che consentono a chiunque di ottenere informazione immediata, in qualsiasi momento e luogo, quasi in tempo reale e in meno di un secondo, ha certamente accorciato le distanze e reso il mondo un posto molto più piccolo dal punto di vista delle comunicazioni.

A mio parere, questi tipi di tecnologie continueranno ad evolversi e verranno usati sempre di più per migliorare e fornire migliori informazioni agli imprenditori e permettere loro di prendere decisioni informate in tempo reale.

Il mondo di oggi si muove rapidamente. Ogni giorno, ogni ora, ogni minuto, siamo costantemente subissati da informazioni provenienti da smartphone, Twitter e altri social media. Vi ricordate le prime tecnologie che portarono un cambiamento simile? Erano i cercapersone. Ma almeno con i cercapersone si era ancora abbastanza in controllo della situazione, e si poteva semplicemente ignorare una chiamata finché non si era pronti a rispondere. I rapidi progressi tecnologici ci stanno rendendo disponibili e raggiungibili ventiquattro ore al giorno, sette giorni su sette. Questo non è sano, a mio parere. Devono esserci momenti in cui facciamo un passo indietro da tutto, spegniamo tutti i dispositivi, inclusi i televisori, e pensiamo solo a rilassarci e fare quello che vogliamo, senza essere incatenati ad un dispositivo o responsabili di dare una risposta immediata a qualcuno. Per ottenere ciò che si desidera nella vita, che può essere successo o significato, è di fondamentale importanza stabilire cosa per noi è importante, nella vita, e decidere come la vogliamo vivere. Quando si fa un piano, va strutturato in un modo che soddisfi i nostri scopi e obiettivi, e si deve stabilire se si desidera il successo o il significato. Credo che si possa avere entrambi, ma il successo deve essere in moderazione.

Una versione video del messaggio di Steve Galvanoni
è disponibile all'indirizzo www.vision-revision.pbwiki.com,
e L&L Magazine

I Cinque Principi e i Valori Conservatori

di Dana Stamos

Mi considero una conservatrice in quanto osservo i seguenti principi: rispetto la Costituzione; rispetto la vita umana; credo nei governi locali e nella responsabilità individuale. Mi è stato chiesto di mettere in relazione il mio punto di vista conservatore con i cinque principi del tutto.

I cinque principi sono difficili da discutere perché sono molto vasti e onnicomprensivi. Per i fini di questo articolo, li ho definiti come segue:

- Il principio di consapevolezza: ciò che pensiamo e proviamo riguardo qualcosa influenza le nostre azioni.

- Il principio del flusso: Ciò che ci muove motiverà anche le nostre azioni.
- Il principio della forma: ci sono diversi modi di raggiungere lo stesso obiettivo.
- Il principio del beneficio: quello che abbiamo scelto di fare ci permette di raggiungere il nostro obiettivo, o di ottenere un risultato?
- Il principio dell'armonia: se non stiamo raggiungendo il nostro obiettivo, o se stiamo violando anche solo uno dei principi, possiamo cambiare il nostro corso di azioni o dovremmo cambiare l'obiettivo?

Cresciuta in una famiglia molto politicamente attiva e conservatrice, sono stata spesso oggetto di commenti negativi sui conservatori da parte di altri di idee politiche diverse. Uno dei commenti che sentivo più spesso era "Ai conservatori non interessa delle altre persone, solo del risultato finale". Come con tutte le generalizzazioni, questo potrebbe essere applicato a qualsiasi forma di pensiero politico, ed è decisamente falso per quanto riguarda me o i miei ideali conservatori. Infatti, credo che le mie idee conservatrici si inseriscano perfettamente nella cornice dei cinque principi del tutto.

Ai fini di questo articolo, scegliamo una tematica, i servizi sociali, e consideriamola da un punto di vista tradizionale e conservatore. Credo fermamente che uno dei più alti esempi della consapevolezza umana possa essere trovato nel desiderio di servire il prossimo. Viviamo per "amare il nostro prossimo come noi stessi". Il modo in cui raggiungiamo questo obiettivo è la forma che prendono le nostre azioni per dimostrare una consapevolezza di questo obiettivo universale. Il modo in cui serviamo, però, non è tanto importante quanto lo è la consapevolezza dell'importanza del servire.

Dobbiamo anche assicurarci che il nostro metodo di servizio e la definizione che ne diamo non violi nessuno degli altri principi fondamentali. Questo significa che, oltre a cercare di soddisfare i bisogni dell'altro, vogliamo probabilmente anche consideraci l'un l'altro dei cittadini più produttivi possibile. È parte della natura umana il volere che gli altri si assumano le proprie responsabilità, così come noi ci assumiamo le nostre.

Vista l'importanza che diamo alla Consapevolezza, sembra logico che, se dobbiamo amarci l'un l'altro, dobbiamo anche conoscerci il più a fondo possibile per poter essere consapevoli dei nostri bisogni reciproci. Solo allora possiamo rispondere con azioni necessarie che faranno veramente la differenza. "Lasciate che colui che possiede due tuniche le condivida con colui che non ne ha nessuna, e faccia lo stesso colui che possiede del cibo".

In altre parole, mentre il benessere del prossimo dovrebbe essere nell'interesse di tutti, l'attuale sistema di previdenza sociale non rispetta i cinque principi. Nel sistema attuale, alcuni pagano le tasse e i loro soldi vanno a Washington D.C. Spesso non sappiamo per cosa vengono effettivamente usati quei soldi, e finiamo per ignorare i bisogni del prossimo. Non c'è nessun motivo immediato e ovvio per cui dovremmo aiutare quelli che non vediamo. Per quelli che non vedono lo schema generale delle cose, è facile pensare che non si tratti di una responsabilità individuale agire per il bene della comunità, ma che sia soltanto responsabilità del governo. Perciò, la burocrazia della previdenza sociale diventa del tutto impersonale e non fa altro che "gettare soldi al problema", ottenendo risultati inferiori agli standard e minima responsabilità individuale (e nessun beneficio duraturo).

Nella visione conservatrice della previdenza sociale, le tasse che si pagano rimangono all'interno della comunità e vengono usati per supportare i membri della comunità. Quando le città erano più piccole, questo sistema era più semplice. Le persone che vivevano in città si conoscevano tra loro e si aiutavano. Da conservatori, vogliamo vedere che i soldi delle nostre tasse vengono spesi il più vicino possibile, che i fondi rimangano in città e vengano usati da quelli che conoscono i bisogni degli abitanti di quella città, e non spediti a Washington e non sperperati da una burocrazia che non sa niente degli abitanti di quella città e delle loro esigenza. Vogliamo essere coinvolti nel processo, e ciò può avvenire se il processo si svolge vicino a noi. Il problema è anche che stiamo vivendo in una comunità molto più ampia di quanto si potrebbe pensare. Sarebbe bello poter tornare alla mentalità delle piccole comunità, dove ognuno si prende cura dell'altro. Se ci preoccupiamo dei nostri vicini, quelli con cui parliamo ogni giorno, impareremo anche a conoscere i loro bisogni e le loro abitudini. Avremmo un rapporto con loro, saremmo responsabili di aiutare il prossimo a diventare un ottimo cittadino così noi siamo responsabili di vestirlo o sfamarlo. Se una persona rifiuta un'offerta di lavoro perché è più facile usare le entrate altrui, agiremo di conseguenza. Se una donna continua ad avere figli che non può mantenere, ha bisogno di consulenza oltre che di un sostegno economico. Questo approccio richiede che i cittadini siano disposti ad aiutarsi a vicenda all'interno delle comunità, e significa dare non solo soldi ma anche tempo personale e talento per poter fare la differenza. Col tempo, i benefici sono maggiori non solo per coloro che ricevono aiuto, ma anche per coloro che lo danno.

Sono una conservatrice, e credo che i miei valori conservatori cerchino di promuovere governi più piccoli ma cuori più grandi, più responsabilità individuale e meno influenza del governo centrale.

Penso anche che questa idea del come raggiungere un obiettivo universale sia alla base dei cinque principi, così come trovare dei punti in comune per risolvere problemi e stabilire l'ordine. Penso che la Costituzione degli Stati Uniti d'America sia in conformità con i cinque principi nell'intento di cercare punti in comune piuttosto che discutere sulle differenze.

Principio di consapevolezza: vediamo il problema come vicino e personale.

Principio del flusso: siamo spinti all'azione da quello che vediamo.

Principio della forma: troviamo la soluzione migliore per risolvere i problemi.

Principio del beneficio: cerchiamo la soluzione che possa apportare i maggiori benefici.

Principio dell'armonia: quando la soluzione adottata non funziona, siamo disposti a cambiare e cercarne di nuove.

Dana Stamos è la redattrice di WorldWideDojo.com, L&L Magazine, e USAdojo.com. I suoi scritti sono letti da centinaia di migliaia di persone ogni anno.

I Cinque Principi e la **Scrittura Opinionista/Editoriale**

Di Russ Buchanan

Scrivo di politica per *scelta*. Il motivo che spinge una persona relativamente equilibrata a livello psicologico ad immischiarsi nel delirio della politica americana sfugge a molti, me compreso.

Ma la politica mi ha attratto sin dalla mia adolescenza, e per quarant'anni non ha mai smesso di esercitare il suo fascino su di me. Appena si decide a mollare la presa e lasciarmi andare, però, corro a divertirmi.

La mia passione per la politica mi spinge spesso a cercare di convincere i lettori che non sono d'accordo con me che la mia posizione sia quella giusta, e a cercare di far loro capire dove sbagliano. Spesso è una battaglia persa, perché la maggior parte delle convinzioni politiche vengono plasmate dalla nostra visione del mondo, e sono praticamente impossibili da influenzare o cambiare. Ma ogni tanto, le mie parole arrivano a toccare qualche lettore ed a far per lo meno vacillare una convinzione fino a quel momento ritenuta una verità inconfutabile. Quelle poche ma meravigliose lettere ed email in cui qualcuno mi dice "ma sai che non l'avevo mai pensata in questi termini?" sono per me come manna dal cielo, e mi ricordano il motivo per cui scrivo di politica. Mi ricordano che mia scrittura può fare la differenza.

Lo scrivere di politica è una questione idiosincratica. Dallo stile molto conservatore del molto conservatore George Will del *Post* fino alla pirotecnica verbale del giornalista "Gonzo" del *Rolling Stone*, il tardo Hunter S. Thompson, gli stili sono diversi quanto lo sono le personalità degli scrittori. Tuttavia, ci sono metodi e convenzioni utili a tutti gli scrittori, indipendentemente dal loro stile. I cinque principi del tutto ne sono un esempio.

Consultare i principi accresce la mia consapevolezza del problema, migliora il mio argomento e aumenta la mie possibilità di fare breccia nelle opinioni dell'avversario. I principi aiutano a chiarire gli argomenti, ed a distinguere ciò che è dettato dall'ego da ciò che è pertinente e sensato, e le sciocchezze dagli argomenti validi. In altre parole, i principi, se usati come una lista di cose che devono essere presenti in un articolo, mi aiutano a rendere il mio pezzo pronto per il confronto.

Principio del beneficio- Quando mi siedo al computer per dare forma ad un saggio, è importante che capisca prima di tutto perché voglio sostenere quel determinato argomento; o, secondo il principio del beneficio, “a cosa mi porta dimostrare questo argomento?”. Se sto affrontando la discussione solo per gratificare il mio ego, dominare o umiliare l'opposizione, impressionare tutti con mio ingegno devastante o per qualsiasi altro motivo che vada al di là dell’educare, esprimere un parere e/o tentare di convincere, è meglio che vada a farmi un giro piuttosto che mettermi a scrivere.

Principio del flusso- Ci raccontiamo storie a vicenda sin dalla notte dei tempi. Infatti, la prima storia vera e propria fu probabilmente un racconto in prima persona di un’uscita a caccia o qualcosa del genere. Da naturali narratori e ascoltatori, ci aspettiamo che le informazioni si spostino, o *fluiscano*. I miei articoli sono impostati in modo tale da far fare al lettore un piccolo viaggio, con un inizio, una fase centrale e una fine. Se ho fatto bene il mio lavoro, l’epilogo non scritto della mia argomentazione sarà il movimento dei miei lettori: verso il voto, il contributo finanziario o di tempo, o semplicemente l’andare a parlare ai loro amici del loro nuovo, “illuminato” modo di vedere il tale candidato o il tale problema.

Principi di forma e armonia--la *forma* del mio argomento deve adattarsi - o essere in *armonia* con - miei lettori/pubblico. Di conseguenza, i principi della forma e dell'armonia sono inestricabilmente legati nella mia scrittura. Ad esempio, le parole e riferimenti che uso quando scrivo per un pubblico generale sono abbastanza diversi da quelle che userei per un gruppo di attivisti politici.

Il mio tono deve anche essere in armonia con l'argomento stesso. Per esempio, mi piace mettere un po' di umorismo nel mio lavoro di tanto in tanto - ma solo quando è *appropriato*. Fare battute in un pezzo sull'AIDS o sulla pena di morte, oltre a sminuire gli argomenti, mi farebbe sembrare un imbecille senza la minima sensibilità.

I giornalisti che mantengono lo stesso stile per qualsiasi pezzo rischiano di alienarsi i loro lettori scrivendo al di sopra o al di sotto delle loro capacità di comprensione, scrivendo in modo inappropriato o commettendo il reato peggiore di tutti: *annoiare*.

Il principio della consapevolezza applicata- In politica, un'anatra spesso non è un'anatra. Quella povera anatra può essere fatta sembrare qualsiasi cosa, da un fringuello ad uno pterodattilo, a seconda di come vengano manipolati i fatti. Il mio lavoro consiste nell'essere essere *consapevole* del punto di vista dell'oppositore, e farmi strada tra tutte le messinscene, il politicamente corretto e gli ornamenti superflui per raggiungere il *vero* motivo per cui il mio oppositore l

a pensa in quel modo: e a quel punto, naturalmente, attaccarlo senza pietà.

Senza una chiara comprensione del motivo per cui la pensano in un certo modo, ogni speranza di convincere i lettori va a farsi benedire.

I principi In pratica- Un sondaggio del novembre 2011 del Pew Research Center ha riportato che gli americani sono quasi equamente divisi sulla questione dei matrimoni gay: 46% a favore e 44% contro. Ecco come imposterei un saggio su questa spinosa questione con il supporto dei cinque principi del tutto.

Consapevolezza- regola numero 1: se l'oppositore è religioso, non vale neanche la pena provare. Non riuscirò mai a scrivere niente che possa far cambiare idea al lettore. Ciò che scrivo verrebbe senza dubbio interpretato come un attacco alla sua religione, e io verrei visto come un servo di Satana e come qualcuno che ha sempre torto.

Tuttavia, molti si oppongono ai matrimoni gay per un altro motivo: pura, vecchia, banale intolleranza. Anche se alcuni credono davvero che il matrimonio gay possa minare il matrimonio tradizionale e la famiglia e portare alla poligamia ed altre cose esotiche di questo genere, credo che molti altri si rendano conto che non c'è nessun argomento logico che sostenga questi timori, e che quelle persone utilizzino quei motivi come scuse convenienti per mascherare un bigottismo considerato politicamente scorretto. Per la maggior parte, queste non sono cattive persone: semplicemente non capiscono l'omosessualità e se ne sentono minacciati.

Sono *consapevole* delle opinioni dei miei lettori sui matrimoni gay? Sì.

Forma e armonia- Quando scrivo qualcosa a proposito dei matrimoni gay, faccio in modo che la *forma* del mio pezzo sia in *armonia* con questo particolare gruppo di lettori. Anche se si oppongono al matrimonio omosessuale, non potranno che concordare sul fatto che l'omosessualità non sia una questione di scelta. "Chi mai sceglierebbe di vivere una vita così difficile?", chiedo ai miei lettori. "Pensate veramente che ad un ragazzino piaccia essere preso in giro e picchiato, o che non veda l'ora di dire ai suoi di non aspettarsi nipoti da lui? Avete veramente intenzione di punire questo grande segmento della popolazione americana per una cosa sulla quale non hanno il minimo controllo? ". Domande come queste fanno riflettere sull'assurdità del vedere l'omosessualità come un'intenzionale, malvagia distorsione del nostro codice morale, e fanno appello ai miei lettori in quanto esseri umani giusti e compassionevoli. Potrei anche mirare a colpire le emozioni dei miei lettori facendo notare gli effetti deleteri di discriminazione e emarginazione, quali i tassi di suicidio incredibilmente alti tra i giovani gay. Potrei anche buttare lì qualche frase sui pregiudizi e sulla discriminazione come atteggiamenti anti-americani e incostituzionali, il che farebbe probabilmente presa sui più patriottici.

La maggior parte delle mail di complimenti e di ringraziamento per aver fornito un punto di vista mai considerato prima mi arrivano proprio a proposito dei miei articoli sui matrimoni e sui diritti dei gay. Questo dimostra che la *forma* del mio articolo era in *armonia* con i miei lettori in diverse occasioni.

La *forma* del mio articolo è in *armonia* con i miei lettori e con la materia? Sì.

Flusso- Scrivere sui matrimoni e sui diritti dei gay non richiede nessuna considerazione particolare per quanto riguarda il movimento o il flusso. Come con tutti i miei scritti, cerco comunque di fare in modo che il pezzo abbia continuità, scorra ed abbia un inizio, una parte centrale e una fine.

Naturalmente, spero che la mia scrittura spinga molti lettori a cambiare opinione e spostarsi dalle fila dei "contrari" a quelle dei "favorevoli". Ma credetemi: anche solo un bigliettino di un lettore che mi dice che il mio articolo gli ha fatto riconsiderare la sua posizione su questa faccenda del matrimonio gay mi rende felice.

Il pezzo segue un suo *flusso*? Sì.

È progettato per *far muovere* i miei lettori? Sì.

Beneficio- La questione dei diritti gay mi fa salire il sangue al cervello. Secondo la mia opinione modesta e indubbiamente di parte, la pura ingiustizia di negare i diritti ad un gruppo di americani di dimensioni considerevoli sulla base del loro orientamento sessuale è una cosa crudele, gretta ed estremamente contraria allo spirito americano. Il beneficio personale che spero di derivare da qualsiasi pezzo che scrivo sull'argomento potrebbe essere il sapere che ho contribuito a porre fine ad una discriminazione esasperante e immorale. E senza dubbio, un altro grande beneficio da considerare è quello che deriva da qualsiasi persona che può condividere liberamente un sentimento di amore con un'altra.

Da opinionista e redattore, so che devo guardare a ogni questione dal maggior numero di punti di vista possibile per poter *scrivere un buon pezzo*. Dal punto di vista dei cinque principi, devo anche tenere in considerazione dei principi universali. Alla fine, mi chiedo che se sto scrivendo per i giusti *benefici* e mi assicuro che nessuno degli altri benefici venga violato.

Conclusione- Ricordate che tutti e cinque i principi lavorano insieme come le dita di una mano. Se, ad un certo punto del processo che ho esposto finora, ci si dimentica che nessuno dei principi, né tantomeno la nostra interpretazione di tale principio, è l'obiettivo reale, si rischia di impigliarsi in una discussione inutile sui dettagli, e perdere di vista il vero obiettivo finale. Per esempio, se si crede che il sesso sia solo finalizzato alla procreazione e che non esista alcun valore reale nel semplice amare ed essere amati, non ha senso cercare di dimostrare la nostra tesi sull'uguaglianza dei gay. La politica è una lotta a volte frustrante, spesso confusa, sempre emozionante. Tutto sommato, non c'è nient'altro che vorrei fare. Come scrittore politico, mi siedo al lato del ring e osservo la più grande democrazia che il mondo abbia mai conosciuto in tutte le sue affascinanti follie, e poi ne parlo alla gente nei miei articoli. Grazie ai cinque principi del tutto, sono in grado di fare tutto questo in maniera *migliore*.

Russ Buchanan è un attore di voice-over, musicista e compositore. Una delle sue popolari parodie video, "All American Suckers", è disponibile su Vision-revision (con autorizzazione). I suoi articoli compaiono nella rivista on-line "Midnight Graffiti" e sul suo blog http://russellbuchanan.wordpress.com.

Il Tao dell'insegnamento o l'Apprendimento Come Meditazione

di Brian Wallace

Sono onorato di essere stato invitato da Gordon Richiusa a scrivere alcuni pensieri sul come le arti marziali si rapportino ai sistemi di istruzione e formazione. Non sono sicuro di essere la persona migliore per scrivere di questo argomento, ma farò del mio meglio.

Lavoro nell'ambito dell'istruzione da venticinque anni. Sono stato insegnante, mentore, direttore informatico e attualmente direttore esecutivo in un distretto scolastico di medie dimensioni nel nord-ovest degli Stati Uniti. Ho sviluppato corsi di studio, insegnato e prestato servizio nelle commissioni a livello statale. Sono anche parte del collegio didattico del mio distretto scolastico di residenza.

Sono anche uno degli studenti cintura nera di Gordon. Il mio viaggio per ottenere la cintura nera mi ha fatto capire che i maestri di arti marziali sono i migliori insegnanti. Continuando la mia carriera nell'insegnamento, mi è diventato molto chiaro che i principi di un eccellente insegnamento delle arti marziali sono gli stessi principi che seguono i migliori insegnanti, scuole e sistemi scolastici. La terminologia utilizzata può essere diversa, ma i principi sono universali.

L'educazione, nella sua forma più alta, è molto zen. Ciò che conta è il processo, non il risultato: questo è il concetto che si arriva a comprendere quando si praticano le arti marziali. Ad esempio, se ho uno studente che vuole imparare a spaccare tavole di legno o mattoni, lo faccio lavorare su velocità, forma, concentrazione ed educazione del corpo al trauma. Perché? Perché so che uno studente che ha forma eccellente, velocità e concentrazione genera un'enorme quantità di energia, e non avrà nessun problema a spaccare tavole o mattoni.

Come si relaziona tutto questo ad un sistema educativo in cui (almeno negli ultimi dieci anni) la carriera scolastica dello studente è completamente dipendente dal risultato dei suoi test? È piuttosto semplice. Non possiamo concentrarci unicamente sui risultati di tali test standardizzati. Per essere considerati eccellenti, scuole e distretti scolastici devono puntare sul miglioramento dell'organizzazione e della qualità dell'insegnamento. Non è un compito facile. I sistemi di istruzione sono dinamici e complessi. Gli addetti al settore scolastico ricevono pressioni di vario tipo: politica, interessi personali e secondi fini spesso intralciano il miglioramento sistematico. Ma non è un'impresa impossibile.

I ragazzi nel mio distretto scolastico ottengono in media risultati piuttosto elevati. Il 90% degli studenti raggiunge o addirittura supera gli standard statali. Tuttavia, guardando allo status sociale degli abitanti del distretto, ci si aspetterebbero tutt'altri risultati. Il 60% degli studenti rientrano nello schema di sussidio per il pranzo. La percentuale di genitori con un diploma o una laurea è solo l'11%, una percentuale decisamente inferiore alla media statale e nazionale. Ma altri distretti con popolazione a reddito più elevato non raggiungono punteggi così elevati. Come mai il nostro distretto a un tasso di successo così alto?, ho chiesto al sovraintendente scolastico locale. "Assumiamo i migliori insegnanti in circolazione. Ci assicuriamo che non si trovino mai a lavorare in isolamento. Il nostro curriculum rispetta le norme statali e gli insegnanti adattano i programmi e i metodi alle esigenze personali degli studenti. I risultati riflettono quello che uno studente ha imparato, e non vengono mai usati come punizione. Non facciamo niente di magico, seguiamo semplicemente un processo di miglioramento continuo".

La mia prima reazione a questa affermazione è stata "Sembra un'ottima cosa, è un discorso convincente, ma è davvero così che è organizzata ogni classe? È una filosofia che è veramente andata oltre l'ufficio centrale e si è estesa a tutta l'organizzazione?". Ho trovato risposta alle mie domande un paio di settimane più tardi.

Stavo prendendo parte ad una riunione del collegio didattico, e parte del programma era una presentazione tenuta dal preside di una delle scuole del distretto. La presentazione era incentrata sui cambiamenti nel sistema di insegnamento della matematica, sulle valutazioni di stato e sui punteggi dei test. Durante la presentazione, uno dei miei colleghi del collegio ha chiesto: "In che modo contribuiranno a preparare i nostri studenti per l'esame finale, tutte queste modifiche?".

Il preside ha risposto (sto parafrasando): "Stiamo assistendo ad un cambiamento fondamentale del metodo di insegnamento. Siamo veramente focalizzati sull'istruzione, mantenendo le classi interessanti e assicurandoci che i ragazzi apprendano. Questo è un grande cambiamento rispetto al modo in cui si insegnava 15-20 anni fa. In passato, se uno studente rischiava di non superare una materia, l'insegnante generalmente gli assegnava più compiti a casa. Se quello non funzionava, lo studente non superava la materia. Lo studente ha sempre avuto la possibilità di ripetere la materia e, ironia della sorte, la possibilità di non superarla una seconda volta. Ora, se uno studente non passa una materia, noi (il personale della scuola) cambiamo il modo in cui stiamo insegnando. Non superare delle materie non è un'opzione accettabile. Se uno studente non riesce, significa che anche noi non siamo riusciti, in qualche modo".

Il preside continuò così: "Non ci interessa più di tanto l'esame finale. Non fraintendetemi, vogliamo che tutti i nostri studenti lo passino, ma l'esame non è il vero obiettivo. Sappiamo che i nostri corsi di matematica coprono tutti gli argomenti potenzialmente presenti nell'esame. Il nostro impegno dev'essere quello di assicurarci che gli studenti superino la materia e imparino il programma. I voti sono solo un punto di riferimento. Se uno studente ottiene un voto sufficiente a superare la materia, sarà anche in grado di superare l'esame senza problemi".

Mentre il preside continuava a parlare, mi sono chiesto se non avesse seguito le lezioni di Gordon Richiusa. Forse il nostro sovrintendente scolastico è una cintura nera e il preside è un suo studente? Cambiando un paio di parole qua e là, entrambi stavano spiegando i principi di base del sistema dei cinque uccelli. Citando Gordon, "Il sistema dei cinque uccelli si concentra sulle esigenze individuali dello studente, riduce quasi tutto sempre ai cinque componenti di base, enfatizza l'importanza di un metodo di insegnamento semplificato e ha un impatto forte sull'insegnamento e sulle tecniche consentendo sempre all'individuo di sperimentare e crescere".

Questo è ciò che il mio distretto locale è stata in grado di implementare come parte della sua cultura e pratica. I cinque principi guida sono costantemente rispettati: andare incontro alle esigenze individuali degli studenti, la responsabilità dell'insegnante nei confronti dello studente, mantenere le cose semplici, rendere l'apprendimento interessante e riconoscere che molti sentieri conducono alla stessa meta...Il sistema dei cinque uccelli in poche parole. Quando ci pensate, è abbastanza sorprendente che Gordon abbia teorizzato come riformare l'istruzione pubblica nel suo sistema di insegnamento, filosofia e pratica delle arti marziali prima degli attuali tentativi di riforma.

NOTE - GORDON RICHIUSA

Sono un educatore professionale da più di 25 anni. Ho insegnato a livello elementare, secondario e superiore. Ho lavorato per 20 anni come educatore nel carcere della contea di Los Angeles, e come coordinatore dei test e dei programmi di studio per la scuola per adulti Hacienda La Puente. Ho un Master in letteratura inglese. L'aver insegnato per così a lungo e in così tanti ambiti diversi mi da sicuramente credibilità come insegnante.

Quando dico che sono stato un educatore professionale, so che alcune persone, pur non essendo insegnanti, credono comunque di essere degli educatori. A quanto pare, queste persone suppongono che l'essere coinvolti in vari aspetti delle attività di gestione di una scuola o di un distretto scolastico, possono ritenersi degli educatori. Per dirla senza mezzi termini, basandomi sui cinque principi del tutto, semplicemente non è così. Nel nome della concordanza semantica, solo coloro che sono in prima linea, attivamente impegnati quotidianamente con gli studenti (insegnanti, consiglieri, bibliotecari, tutor), o persino gli studenti stessi, che vogliono approfondire conoscenze generali o specifiche, possono definirsi educatori. In altre parole, solo le persone il cui obiettivo primario è l'educazione sono davvero educatori. Allo stesso tempo, però, ognuna delle occupazioni che ho citato sopra (e, di fatto, ogni iniziativa imprenditoriale o esercizio che segua i cinque principi) può essere visto come un valido esercizio strategico che può apportare beneficio agli individui che vi sono coinvolti in varie forme, secondo il sistema dei cinque principi.

Non si è un educatore solo perché si è coinvolti nell'ambito dell'istruzione, come non si è un bagnino se si sa nuotare, non si è uno scrittore se si sa come mettere insieme una frase, o non si è un maestro di arti marziali solo perché si insegnano arti marziali.

La differenza in tutti questi esempi è la volontà da parte dell'individuo di assumersi la responsabilità per la propria conoscenza, abilità o posizione, mantenendo allo stesso tempo un'attenzione ai valori umani fondamentali che si trova nei cinque principi.

In breve, indipendentemente dal titolo, o da quanto strettamente una persona controlli finanziamenti all'istruzione o trattative, quella persona non può essere considerata un educatore a meno che non abbia una classe, un corso di studi e degli studenti.

Come al solito, "parole, loro denotazione e connotazione" sono di grande importanza per me. Oggi vorrei distinguere due ulteriori parole: Zen e Tao. Nessuna di queste due è una religione a sé stante, ma entrambe evocano connotazioni religiose che a volte impediscono a persone con una particolare credenza religiosa a prenderne in considerazione potenziali benefici. Il taoismo è la convinzione che l'universo funzioni secondo principi e regole definite e che il motivo dietro una determinata condotta di comportamento, il "perché", sia più importante del suo "chi, cosa o quando".

Zen, invece, definisce generalmente un metodo particolare per raggiungere un certo fine (ad esempio l'illuminazione), anche se questo fine (o obiettivo) è a volte vago e mutevoli. Lo zen è associato solitamente con il buddismo, ma non è esclusivo di questa religione.

Detto questo, esaminiamo l'obiettivo di oggi. Mi piace ridurre tutto alle parti essenziali, utilizzando i cinque principi, sia per il punto di partenza che per l'obiettivo finale. Queste "dichiarazioni in essenza" hanno diversi nomi. Io li chiamo "concept training" o "recensioni in capsula". La capsula di qualsiasi sforzo è costituita dalle parti essenziali delle caratteristiche distintive che riassumono qual è il principio correlato e in che modo si riferisce a ciò che stiamo cercando di realizzare. Per esempio, i concetti essenziali del business sono probabilmente: 1) domanda e offerta e 2) come il mercato si relaziona al cliente.

Le parti essenziali della scrivere, parlare o leggere sono: 1) la comunicazione è l'obiettivo finale e 2) il processo di comunicazione ha molti modi e finalità diversi.

Gli elementi essenziali del nuoto sono: 1) l'obiettivo finale è la propulsione di un corpo umano attraverso l'acqua e 2) tenendo presente le leggi della fisica e della meccanica del corpo, ci sono molti diversi motivi per cui una persona potrebbe voler nuotare.

Le parti essenziali del governare sono: 1) fare leggi per controllare e regolare le attività umane per il bene comune (compresa la sicurezza fisica) e 2) trovare modi per prevenire inutili interferenze di un governo nella vita dei governati.

È possibile trasformare qualsiasi di questi punti in una meditazione: ma per farlo, dobbiamo essere certi che tutti i cinque principi siano presi in considerazione, e che nessuno venga violato. In questo modo possiamo elevare quello che stiamo facendo (se tutto va bene, su tutti e tre i livelli di mente, corpo e spirito) ad un piano completamente nuovo. In altre parole, quello che pensiamo della nostra disciplina, le nostre azioni legate ad essa e la prospettiva dalla quale vediamo questa relazione, così come essere uno studente o un insegnate potrebbe consentirvi di diventare un vero educatore, può tramutare anche la cosa più mondano in qualcosa di sublime. Qualsiasi cosa può diventare oggetto di meditazione.

Durante le mie classi, do queste informazioni agli studenti il primo giorno per fargli capire da dove vengo. Dico loro che la mia classe è una delle migliori che seguiranno, perché sono determinato ad insegnare loro cose che potranno applicare in qualsiasi altro campo e che li porteranno ad avere successo nella vita. Il mio obiettivo è far sì che i loro diversi obiettivi lavorino in armonia.

Per raggiungere il mio obiettivo, seguo indicazioni specifiche di tutti i miei ex insegnanti (soprattutto quelli di arti marziali) che ebbero successo nella realizzazione sia dei loro obiettivi che dei miei. Naturalmente, ci sono stati momenti nel processo di apprendimento in cui non ho rispettato la mia parte del patto, ovvero in cui non sono riuscito a raggiungere il mio obiettivo. Ma i miei insegnanti, quelli bravi o eccellenti, non hanno deviato dagli obiettivi principali del loro corso, in questi casi. Hanno semplicemente trovato modi nuovi e originali per dire le stesse cose che stavano dicendo al resto della classe. A volte mi ci sono voluti anni (se non decenni) per cogliere una particolare lezione nella sua completezza, o per trarre benefici anche modesti da una particolare lezione.

Obiettivo di Vita o di Morte

di John Gates, Esercito degli Stati Uniti, in Pensione

Il mio nome è John Gates. Conosco Gordon da quasi 30 anni. Quando l'ho conosciuto, ero uno giovane studente di arti marziali. Era un insegnante ospite, e siamo subito entrati in sintonia. Gordon, in vari modi, è stato di grande influenza nel mio diventare un uomo. Oltre ad essere un istruttore di arti marziali consumato, in grado di modellare i suoi insegnamenti in base ai miei bisogni e personalità, è stato anche un ottimo amico.

Ho un sacco di storie su Gordon, ma penso che quella che racconterò qui di seguito mostri perfettamente la sua adesione ai cinque principi. Avevo 18 anni, e avevo lasciato il liceo un paio di anni prima per una serie di motivi. Non vivevo con i miei, e passavo una discreta quantità di tempo con Gordon e la sua famiglia. A quell'epoca, Gordon lavorava come educatore nel sistema di carceri della contea di Los Angeles, e lavorava principalmente a nord di Los Angeles, nel Pitchess Ranch. Gordon conosceva la mia storia, sapeva chi ero e chi avrei potuto essere. Sapeva anche che enorme ostacolo può diventare nella vita l'aver lasciato la scuola.

Faceva dei turni strani, andando al lavoro e tornando a casa alle ore più disparate. Un tardo pomeriggio, mentre stavo per l'ennesima volta mangiando a casa sua, mi disse di andare a vestirmi e indossare un camicia. Non ne avevo neanche una, e dovette prestarmela. Continuavo a chiedergli che cosa aveva architettato, ma conoscendo Gordon, sapevo anche che l'unica cosa da fare era dargli retta, e sarebbe andato tutto per il meglio. Da studente di arti marziali di Gordon sapevo che la formazione assumeva spesso andature spontanee. Ci trovavamo spesso ad intraprendere quelle che lui definiva "avventure". Mi disse che mi stava portando con sé al lavoro, e che quella sera avrei ottenuto un GED. Sapevo che un certificato del genere equivaleva ad un diploma di scuola superiore, ma non ero assolutamente preparato per affrontare l'esame. Quella notte, mi fece sedere in uno degli uffici dopo avermi fatto conoscere i detenuti suoi alunni. Mi fece fare l'esame mentre lavorava con i detenuti nell'aula principale. Poche settimane più tardi arrivò il mio certificato. Senza alcuna preparazione, avevo passato l'esame. Sentivo che mi si era aperto un mondo intero. Non ero più un fallimento totale. Ho intrapreso una carriera nell'esercito degli Stati Uniti, nel dipartimento comunicazioni, dove ho lavorato con successo per 22 anni. Mi mancano solo due materie per avere i requisiti per accedere agli studi universitari. Non male per un ragazzino che non aveva finito le superiori.

I cinque principi, se ho compreso correttamente, sono i seguenti:

Consapevolezza: L'essere consapevoli non solo dell'ambiente circostante e delle persone e oggetti intorno a noi, ma anche essere di noi stessi.

Flusso: Questo principio riguarda non solo il movimento, ma anche l'economia di movimento. Si tratta di sapere quando "camminare veloce" e quando correre. Si tratta anche di trovare la via senza ostacoli per aggirare l'ostacolo invece che andarvi contro a capo chino.

Forma: Questo principio riguarda come ci si comporta. Può riguardare come ci si veste per presentarsi al mondo, come si interagisce con il mondo, o come si eseguono i nostri compiti.

Beneficio: chiedersi quale beneficio possa apportarci una determinata cosa, ma anche stabilire un certo beneficio come obiettivo finale. Non perdere di vista il premio, in un certo qual modo.

Armonia: Essere in armonia è più facile a dirsi che a farsi. Nel nostro ambiente, dovrebbe essere relativamente semplice; ma, in un ambiente straniero, potrebbe richiedere moltissimo lavoro. Parte di questo è essere in armonia con se stessi, senza mai compromettere la nostra identità o le nostre credenze.

Gordon seguì tutti e cinque i principi quando mi portò a fare l'esame per il GED. In che modo sono stati invece presenti nella mia carriera di soldato professionista? Vediamo.

Durante le attività giornaliere, dovevo rimanere **consapevole** non solo dell'ambiente circostante, ma anche di me stesso e degli obiettivi a breve, medio e lungo termine che mi ero prefissato. Ero poi consapevole non solo del mio leader e dei miei coetanei, ma soprattutto dei miei subalterni, dell'esempio che stavo dando loro. Come si suol dire, "gli occhi giovani guardano sempre": e questo è specialmente vero per i giovani soldati. Fare da mentore per giovani uomini e donne è un lavoro abbastanza duro, ma lo è ancora di più quando essi possono osservare ogni tua mossa e agire. Dare l'esempio ai più giovani, da ufficiale, è un lavoro a tempo pieno, con o senza l'uniforme.

Essere consapevoli è importante anche nel combattimento. Le potenziali minacce e il nemico, il vostro compito effettivo, gli alleati intorno a voi, queste sono tutte cose che si devono tenere in considerazione mentre si elabora un piano d'azione. I tuo subalterni, come se la cavano, come si sentono, chi è bravo in cosa, sono tutte cose da tenere a mente. Quello che in teoria sembra il miglior piano d'azione può essere rovinato nei primi 5 minuti di attuazione perché il comandante non aveva preso in considerazione i suoi soldati.

Inoltre è importante rimanere cosciente *durante* un compito.

Vedere un ostacolo prima che sia troppo tardi per cambiare il gioco può essere altrettanto importante per realizzare il vostro obiettivo che la scelta dell'obiettivo stesso. Andare "a sbattere contro l'ostacolo" non solo interrompe il progresso: può anche essere demoralizzante e con un effetto negativo sul resto della squadra. Scorgere l'ostacolo in tempo per prendere provvedimenti e mantenere il vantaggio, mantiene alto anche il morale, perché tutti possono vedere i progressi fatti.

Ho dovuto rimanere nel **flusso**, imparando quando correre e quando risparmiare fatica. Dovevo sapere qual era l'intento dei miei superiori e come compiere la mia missione rispettando i loro intenti. Facendo del mio meglio, ottenendo il meglio dai miei soldati, non significava assolutamente nulla, se quello che stavo facendo non era a sostegno degli intenti del mio comandante.

Da comandante, ho dovuto sempre tenere in mente che cosa stavamo facendo, perché lo stavamo facendo e entro quando doveva essere fatto. Il 90% del compito completato in tempo o in anticipo è sempre meglio del 100% completato in ritardo. Ho dovuto tenere d'occhio i miei soldati, assicurandomi che non si esaurissero e che i compiti e i pesi fossero distribuiti equamente. Questa è una cosa che ho dovuto imparare anche per me, perché non ha senso dare il massimo per tre settimane e poi essere completamente inutile per i restanti 9 mesi di servizio perché si è esauriti.

Ho dovuto tenere presente la **forma** in ogni momento, dal prendermi cura del mio aspetto e uniforme fino a come eseguivo il mio lavoro. Il modo in cui esegui un compito può essere quasi tanto importante quanto quello che vuoi realizzare. Nella vita, il viaggio è generalmente altrettanto importante quanto la destinazione. Potrei essere il migliore soldato che abbia mai servito l'esercito; ma se ottengo quello status a spese di altri soldati, o con qualsiasi altro metodo che comprometta il viaggio, la realizzazione di per se non significa molto.

La forma comporta l'idea che se una cosa è abbastanza importante per essere fatta, è anche abbastanza importante per essere fatta bene. Si devono scegliere consapevolmente le azioni che si vogliono intraprendere, e poi eseguirle al massimo delle proprie capacità. La maggior parte delle persone svolge i propri compiti quotidiani come se fosse mezza addormentata, in uno stato quasi inconscio. Quando si guardano indietro si chiedono dove sia andata a finire la loro giornata e il giorno è andato e perché così tante cose che fanno sembrano lasciate a metà. L'idea è che si rimanga presenti in ogni momento, riflettendo e vivendo appieno quello che si sta facendo.

Il **Beneficio** nell'esercito è il principio più difficile da identificare. Da un lato, ci sono gli obiettivi personali che avete impostato per voi stessi: l'istruzione, i viaggi, le finanze. Ma l'esercito è fondato sulla realizzazione di una missione e sul bene della comunità. L'equilibrio tra questi due ideali può rendere la vita interessante a volte per i soldati. Mantenere un equilibrio tra le due cose è importante, in quanto non è bene per la persona avere una grande carriera militare e non realizzare nessuno dei propri obiettivi personali; allo stesso modo, non è bene per una carriera militare realizzare tutti gli obiettivi personali e trascurare l'obiettivo ultimo dell'esercito.

Le persone nella vita fanno le cose per uno dei seguenti tre motivi principali: successo finanziario, successo professionale o successo personale. Il successo finanziario è il più facile da definire e uno dei più difficili da individuare. Se si fa qualcosa solo per i soldi, si è disposti a fare qualsiasi cosa, qualsiasi turno e numero di ore di lavoro, talvolta a subire umiliazioni pur di arrivare dove si vuole. I soldati, per la maggior parte, non entrano nell'esercito per arricchirsi.

Il successo professionale è anche abbastanza facile da definire. Ottenere una promozione, fare carriera, essere la persona che tutti, supervisori, colleghi e subalterni ammirano allo stesso modo. L'intralcio si presenta quando si arriva a voler far carriera a tutti i costi, a spese di coetanei e subalterni. La cosa buona dell'esercito è che il successo professionale è piuttosto facile da identificare; guadagnare una promozione, un premio, un riconoscimento da parte dei comandanti davanti alla tua unità, tutte cose che ti danno soddisfazione e ti dimostrano chiaramente che stai avendo successo. Quando si lascia l'esercito, e l'unica cosa che vi rimane è una serie di premi e decorazioni, perché non avete nessun hobby, non avete un'educazione, una famiglia in rovina e vi sentite assolutamente persi, vi chiedete se quelli erano veramente dei successi.

Il successo personale è molto più difficile da definire. È

difficile in quanto si tratta di ciò che ti rende felice. Il vecchio detto "se una cosa non ti diverte più, dovresti smettere di farla" si può inserire in questo contesto. Il successo personale potrebbe essere definito come "Si lavora per vivere", piuttosto che si vive per lavorare o si va a lavorare per poterci permettere di portare avanti il nostro hobby. Il tuo successo potrebbe essere definito non da quello che fai sul lavoro, ma al di fuori del lavoro, in quanto il tuo lavoro ti dà la possibilità di fare qualsiasi cosa tu voglia fare. Il successo personale potrebbe essere definito anche sul posto di lavoro. Fare da mentore a giovani soldati sembra una realizzazione personale. Il miglioramento personale nel proprio campo professionale potrebbe essere un'altra realizzazione personale. È in sostanza qualcosa che ci rende felici, nel o al di fuori del lavoro.

La chiave per ottenere un beneficio è identificarlo come obiettivo. Si potrebbero stabilire obiettivi a breve, medio e lungo termine (come avviene nelle arti marziali con il sistema di *kyu*: cinture e dan), suddividere l'impresa in blocchi minori. Anche identificare il beneficio per il "gruppo" è importante, dato che se il gruppo capisce che cosa si appresta a realizzare, è più facile mantenere tutti motivati verso quell'obiettivo. L'impostazione di obiettivi realistici è anche importante: se ci si prefiggono cose al di là della nostra portata, diventa quasi demoralizzante lavorare a raggiungere i nostri obiettivi.

Vivere in **armonia** sembra un concetto del tutto fuori luogo quando si parla dell'esercito. La missione più importante dell'esercito nel suo complesso è “cerca, avvicinati e distruggi il nemico”; e non c’è molto di armonioso, in questo. Motivare 500.000 soldati per far loro raggiungere tale scopo unico senza armonia sarebbe un compito impossibile; tutti i soldati devono lavorare verso quello scopo unico motivati da un intento.

Ho parlato prima del dare l’esempio ai subalterni. Vivere in armonia personale o in equilibrio è un buon modo per farlo. Pensate al padre che dice al figlio di non fumare dopo essersi acceso una Marlboro. Se dite ai vostri soldati che hanno bisogno di avere equilibrio, di lavorare, divertirsi, imparare, amare, credere e fare tutte le grandi cose che la vita ha da offrire, se poi non siete i primi a fare tutte quelle cose, siete contraddittori.

Ricordate, c'è sempre equilibrio nell'universo. Luce/buio, bene/male, caldo/freddo, per ogni azione, esiste una reazione uguale e contraria. Vivere in armonia potrebbe anche significare non vivere in nessun estremo. Il simbolo cinese di ying-yang è un perfetto esempio. Rappresenta non solo luce e buio, ma anche maschio e femmina. Nel simbolo, le due parti sono in equilibrio: nessuno dei due ha più peso rispetto all’altro. Lo stile di arti marziali Goju Ryu ne è un altro esempio: Go è rigido e Ju è morbido. Letteralmente, prende le linee dure giapponesi e i cerchi molli cinesi e li incorpora insieme in equilibrio.

Anche se non è un compito facile essere un soldato moderno e seguire i cinque principi, non è solo possibile, ma *deve* essere fatto: in maniera consapevole o meno. Lo stesso vale per la vita in generale. Consapevolezza, flusso, forma, beneficio e armonia hanno un posto non solo in ogni occupazione, ma nella vita di ognuno nel suo complesso. I principi sono guide come lo sono i genitori, le leggi e persino le religioni. Come guide, e non guide dogmatiche, si prestano ad assistere le persone nei loro sforzi di vita senza opprimere.

John Gates è un praticante di arti marziali da tutta la vita, ha una cintura nera con il metodo dei cinque uccelli, fa il batterista per diletto, ed è un ex sergente. Costantemente ansioso di imparare e crescere come uomo, attualmente vive vicino Chambersburg, in Pennsylvania, con la sua bella moglie Lisa. Ciò che la vita ha in serbo per lui è un mistero, ma sarà sicuramente qualcosa di buono.

La Via del Tiro con l'Arco

Nota: Gordon Richiusa ha pubblicato il seguente articolo molte volte, in molte forme. Quella qui riportata è la prima compilazione di questi articoli con l'applicazione dei cinque principi. Questo e altri estratti sono presentati qui non soltanto come appendice al tema specifico dell'insegnamento del tiro con l'arco, o delle arti marziali, ma anche come un esempio di ciò che questo particolare metodo e il modo in cui viene insegnato può insegnarci sul processo di insegnamento e di apprendimento in generale. Si è ritenuto che tirare una freccia verso un bersaglio sia una metafora universalmente accettata che non può essere ignorata.

Da che ho memoria, sono sempre stato appassionato di tiro con l'arco. Mi ricordo che da piccolo costruivo archi con mio fratello.

Facevo parte della squadra di tiro con l'arco del liceo e ho sempre portato con me arco e frecce, ovunque sia andato. Nel 1980 ho avuto il privilegio di andare a vivere a Oahu, nelle Hawaii. Una delle esperienze che ho fatto là fu lo studio del Kyudo (tecnica zen di tiro con l'arco tradizionale giapponese) con un gruppo che si riuniva una volta a settimana per praticare questa particolare forma di meditazione zen. C'erano maestri che venivano dal Giappone una volta al mese per dimostrare la tecnica e incoraggiare una devozione alla purezza.

Per dirla semplicemente, nel Kyudo l'arciere, l'arco, la freccia, il bersaglio e il processo diventano un tutt'uno, con l'obiettivo finale di consapevolezza del nostro sé spirituale.

Senza dilungarci troppo sull'argomento, è necessario dire che il tiro con l'arco zen si basa ampiamente sullo studio e la pratica del buddhismo: il tiro è dunque diviso in otto parti, che simboleggiano le otto fasi del sentiero verso l'Illuminazione. Io non sono buddista, ma quando sono tornato a Los Angeles dopo il soggiorno a Idaho ho continuato a praticare e studiare con un maestro mishima di un tempio buddista di Los Angeles. Come da mia abitudine, cominciai anche a sviluppare una sorta di meditazione di tiro con l'arco che comprendeva anche gli altri insegnamenti da cui avevo beneficiato in passato.

Ho avuto l'opportunità di lavorare e apprendere molte cose da molti nativi americani, in una varietà di modi, tra cui la pratica delle arti marziali. L'argomento del tiro con l'arco emerse spesso.

Il loro stile di costruire e tirare un arco era molto diverso da quello del maestro zen giapponese, anche se c'era una somiglianza importante. L'esperienza del lancio di una freccia era molto spirituale. Sia nello stile americano che in quello giapponese di tiro, quando l'arco è completamente tirato forma un cerchio. Il cerchio o anello è un simbolo sacro del percorso spirituale in entrambe le culture, per quanto diverse tra loro.

Quando ho iniziato a incorporare il tiro con l'arco nel mio metodo d'insegnamento delle arti marziali, mi è stato dato un arco lungo in stile fiammingo da uno dei miei studenti. È un arco che fisicamente non può essere tenuto o maneggiato esattamente nello stesso modo in cui si tiene l'arco negli altri due metodi che avevo studiato. Avevo anche cominciato a tentare la trasformazione di tutto il mio pensiero nel metodo dei cinque uccelli. Come potete immaginare, ho qui suddiviso il tiro in cinque parti.

Gli obiettivi finali del tiro sono gli stessi di quelli appresi attraverso la pratica degli stili orientali ed occidentali di tiro. Le uniche differenze sono che il mio metodo può essere utilizzato con qualsiasi arco, qualsiasi freccia, qualsiasi bersaglio, qualsiasi livello di abilità e da qualsiasi arciere. L'atto di lanciare una freccia è in gran parte simbolico e rituale. La posizione che si assume, il numero di fasi di cui si compone il colpo e persino il numero di respiri che si prende (o come si respira) hanno tutti un grande significato in tutti gli stili di tiro; altrimenti non si sta facendo niente di diverso dallo scagliare una piccola lancia verso un bersaglio. Ho diviso la conversazione sul tiro con l'arco in cinque parti, come di consueto.

Molte persone si irrigidiscono al solo suono della parola "meditazione", semplicemente perché le danno troppa importanza. Ho anche sentito alcune persone dire che meditare è "pericoloso", a meno che non si osservi qualche particolare aspetto della loro religione. I concetti di "maligno" o "pericoloso" vengono a volte affibbiati a cose percepite come "altre" o "non ortodosse".

Tutto questo stress e questa preoccupazione sono estremamente controproducenti. Non c'è da meravigliarsi se poi tante persone, durante la loro prima lezione di meditazione, si sconvolgono tanto quando l'insegnante dice "Ok, ora dovete solo rilassarvi". Semplicemente non sanno come farlo!

Per me, la meditazione è semplicemente uno stato elevato e completamente rilassato di mente, corpo e spirito, in cui l'essere nella sua completezza è al massimo della funzionalità. Questo non può in alcun modo avere in sé qualcosa di pericoloso. E questo è il presupposto da cui parte la nostra discussione.

Nell'arena della psicologia è anche generalmente accettato che gli esseri umani imparano in tre modi fondamentali: uditivo, visivo e tattile. Impariamo da quanto ci viene detto o che sentiamo, da ciò che ci viene mostrato o che vediamo, o da quello che facciamo o sentiamo a livello tattile. Alcune persone preferiscono una modalità di apprendimento piuttosto che un'altra, motivo per cui, secondo la teoria dell'insegnamento, gli insegnanti dovrebbero appellare a tutti e tre i canali di apprendimento. Per esempio, se un insegnante scrive soltanto qualcosa sulla lavagna e lo fa leggere agli studenti, sta insegnando su un solo livello. Se parla delle cose scritte sulla lavagna mentre gli studenti leggono, sta insegnando su due livelli. Se infine spinge gli studenti a scrivere nei loro appunti quello che leggono sulla lavagna e che l'insegnante sta spiegando, allora sono in gioco tutti e tre i livelli.

In genere, nel mondo della meditazione è accettato che ci siano due tipi di meditazione, attiva (o in movimento) e passiva (o meditazione seduta. All'interno di queste due estremità esistono varianti che tentano di combinare gli aspetti di entrambe (ad esempio lo yoga), o che danno più attenzione ad uno o all'altro dei cinque sensi (come con l'uso di canto, tamburi, campane, posizioni particolari del corpo o anche oli, incensi e così via), offrendo un'esperienza su più livelli. Si distinguono tre tipi diversi di quest'ultimo tipo di meditazione: Mudra (posizione delle mani e del corpo), Midra (suoni e odori) e Mandela (immagini).

Non intendo attribuire alcun valore indebito a nessuna forma di meditazione rispetto ad un'altra, né dimostrare che una sia migliore di un'altra. Voglio soltanto spiegare le origini del tiro con l'arco come tecnica di meditazione nel sistema dei cinque uccelli, e dare delle indicazioni a chiunque volesse apprendere questa meravigliosa arte. Spero che chiunque ama scagliare frecce o anche solo osservare altri che lo fanno impari qualcosa di interessante dalle mie parole. Insegno tiro con l'arco come meditazione perché è uno dei modi in cui ho imparato a meditare, e da cui ho tratto beneficio su vari livelli ed ho ottenuto salute, felicità e un senso di completezza. Per questi motivi, vorrei ringraziare i miei insegnanti per non avermi mai imposto una sola particolare forma di meditazione come l'unica via verso l'illuminazione. Inoltre, vorrei esprimere la mia gratitudine ai miei studenti (soprattutto quelli più giovani) che mi hanno aiutato ad ampliare e perfezionare il mio pensiero e le tecniche di insegnamento nel corso degli anni.

Storia e spiegazione della tecnica zen giapponese di tiro con l'arco

Alla domanda "quante tra le varie forme di arti marziali tradizionali sono veramente letali" risponderei "tante quante sono gli stili che si possono studiare". Se si modifica la domanda in "quante sono le arti marziali efficaci a letali fino a 100 metri di distanza da un avversario", la risposta si semplifica e diventa "una sola".

Il tiro con l'arco zen o "kyudo" (che significa, letteralmente, "la via dell'arco") è un'arte marziale che si distingue nettamente da tutte le altre arti di combattimento. È un'arte marziale che è anche una forma di meditazione zen giapponese, che non prevede né violenza né avversari. Idealmente, la formazione in qualsiasi arte marziale dovrebbe includere una qualche forma di lavoro sul e dell'individuo da solo (anche con armi come la sciabola) in quella che si definisce una "forma" (o kata). Ma nel tiro con l'arco zen, l'arciere è in opposizione continua con se stesso nel suo compito di colpire un bersaglio con una freccia.

Gli obiettivi nel tiro con l'arco zen sono quelli caratteristici di tutte le tecniche zen. Sono sfuggenti quanto il cercare di catturare il vento con le mani. In fin dei conti, l'arciere non può avere nessun obiettivo vero e proprio: la consapevolezza o il concetto di tiro con l'arco, il bersaglio, l'arco, la freccia e l'arciere devono diventare una cosa sola.

La bellezza di questa forma di arti marziali e il suo valore stanno nella sua capacità di espandere i precetti delle arti di combattimento su una scala maggiore, limitando allo stesso tempo la gamma dei movimenti ad una serie concisa di mosse ripetute, ritualizzate e piene di significato.

Tutti gli arcieri zen eseguono i movimenti nello stesso, esatto e metodico modo. Maestro e allievo imparano a fluire con la stessa energia e quindi a trarre gli stessi vantaggi. Il risultato finale di colpire il bersaglio è immediatamente comprensibile anche per lo spettatore inesperto. Se l'arciere non esegue correttamente i movimenti, totalmente rilassato e senza preoccuparsi se colpirà o meno l'obiettivo, la freccia semplicemente non troverà il bersaglio. Un errore così è evidente a tutti.

D'altra parte, se uno dovesse accidentalmente colpire comunque il bersaglio pur sapendo dentro di sé che i movimenti non sono stati eseguiti con la giusta concentrazione, sa che quel bersaglio colpito non ha nessun valore. Non c'è nessuno da cercare di ingannare. Scagliare la freccia senza lo spirito giusto non è vero zen. Ciò che distingue il maestro dallo studente è che può sia colpire il bersaglio con grande precisione e, allo stesso tempo, non curarsi del risultato.

Come ho detto, ci sono otto tappe precise nel lancio di una freccia secondo questo metodo. Ogni fase è associata ad una delle otto fasi del sentiero verso l'Illuminazione della filosofia buddista. Va ricordato che tutte le fasi vengono eseguite con un'eccezionale attenzione all'esattezza, ma allo stesso tempo l'arciere deve essere completamente rilassato. C'è un motivo pratico per questo, di là del significato religioso. Se l'arciere, per esempio, non è rilassato nelle fasi iniziali del lancio e rimane così per tutta la durata dell'azione, la sua tensione può causare un gran numero di risultati dolorosi. Nel kyudo c'è un modo di dire, "l'arco è un buon insegnante". Un altra particolarità del kyudo è che l'arco deve essere lasciato girare liberamente dopo il lancio. Non si indossa nessuna protezione per l'avambraccio. La corda gira interamente intorno alla mano, da un lato del braccio all'altro. Se non si segue questo procedimento, la corda sbatterà sul braccio dell'arciere. C'è un altro detto zen che si addice perfettamente: "L'arco ti punirà". Basta che questo succeda una volta perché si impari perfettamente la lezione. Come un tributo finale al metodo zen, l'arciere tiene sempre una seconda freccia nel mignolo della mano che tende la corda, a ricordargli che in ultima analisi, l'ultimo colpo, indipendentemente da dove cadrà sul bersaglio, sarà sempre sostituito dalla freccia successiva.

Coloro che abbracciano l'arte del kyudo come strada

personale verso l'illuminazione deve essere preparati ad affrontare anni di formazione. Ci sono due metodi di allenamento diversi. Il primo (e più tradizionale) è quello di insegnare ad uno studente a respirare correttamente e rilassarsi, e a volte anche ad eseguire i movimenti di tiro per circa un anno e mezzo prima che gli sia effettivamente permesso di scagliare la sua prima freccia. Inoltre, il praticante deve ritualmente preparare tutte le proprie attrezzature a mano, seguendo il procedimento che gli viene insegnato dal suo sensei (maestro). Le frecce sono lisce e levigate e fatte di un tipo speciale di bambù sottile ma resistente. Piume di falco o aquila sono tagliate e incollate all'estremità. Il punto in cui si appoggia la freccia è meticolosamente avvolto con una corda legata a mano. Ogni dettaglio della preparazione viene eseguito con la stessa cura e precisione con cui poi si scaglia la freccia. Anche tendere la corda dell'arco o camminare sul campo sono considerati parte del processo, e vengono eseguiti con venerazione.

L'altro metodo è quello di dare una freccia e un arco allo studente e dirgli di scagliare un numero stabilito di frecce (a volte 1000) ogni giorno. Per il primo anno e mezzo, non viene data nessuna indicazione tecnica. Durante questa fase iniziale lo studente si crea una tecnica personale, e poi l'insegnante semplicemente affina il processo.

Mi sono stati insegnati entrambi i metodi. Il maestro Mishima sosteneva che ogni studente è unico e che il maestro è come una persona seduta sulla cima di una montagna che insegna a varie persone, provenienti da direzioni diverse e con diversi ostacoli davanti a sé, il modo migliore per arrivare sulla cima della montagna. "A volte una persona può non vedere che se va avanti per quella strada cadrà in una voragine. Ad un'altra si dovrà invece dire di girare a sinistra o a destra per evitare altri ostacoli. Non hanno il vantaggio di poter osservare la strada dall'alto e vedere qual è il percorso migliore". In altre parole, uno studente non dovrebbe applicare a se stesso ciò che l'insegnante sta dicendo ad un altro studente. Se uno studente che "dovrebbe andare dritto" segue le indicazioni date ad un altro che deve invece "girare a sinistra", il risultato potrebbe essere disastroso!

Qualunque itinerario si segua, in genere occorreranno anni prima che lo studente possa padroneggiare gli elementi di base del kyudo. Ci sono poi dieci livelli di padronanza che l'arciere può raggiungere. Non c'è da meravigliarsi che l'arte sia spesso considerata la migliore amica di un arciere, dopo una relazione così lunga e personale con il processo di apprendimento. Quando gli fu chiesto perché avesse continuato a scagliare frecce tutti i giorni, in qualsiasi condizione meteorologica, senza mai fallire, il maestro rispose, "anche se non avessi più avuto l'arco o la forza per scagliare la freccia, avrei continuato ad eseguire i movimenti in aria e a mani vuote. Il kyudo mi ha insegnato la lezione più preziosa: non sono più un arciere che scaglia frecce con l'arco, sono una parte del processo".

Le cinque fasi del tiro tiro con l'arco dei cinque uccelli

La domanda che a questo punto dovrebbe sorgere spontanea è "Perché cinque?". Come ho già detto, l'arciere zen divide il tiro in otto tappe per imitare le otto fasi della via buddista verso l'Illuminazione.

Io non sono un buddista, ed ho imparato allo stesso tempo ad apprezzare il valore di perseguire la mediazione spirituale attraverso il tiro con l'arco, pur sapendo che, come avrebbe potuto dire Mishima, "Ci sono molti tipi di montagne da scalare". In altre parole, non credo che una persona debba essere buddista o di nessun'altra religione o disciplina per ottenere beneficio dalla pratica del tiro con l'arco come via verso l'illuminazione, o come aiuto extra per l'obiettivo che si sta perseguendo.

Per me, il numero cinque funziona. Coincide con il mio personale sistema di credenze ed è facile per me insegnarlo a coloro che sono interessati al mio stile di arti marziali.

Detto questo, ho diviso il lancio in cinque parti in questo modo:

1) Prepararsi a scagliare il colpo
2) Concentrarsi sull'obiettivo
3) Sollevare l'arco
4) Tendere e rilasciare
5) Assaporare il colpo

Ci sono naturalmente diversi livelli o aspetti in ognuna di queste fasi, e ampio spazio per la creatività individuale. Per esempio, quando uno si "prepara a scagliare il colpo", si sta mettendo non solo nell'umore e atteggiamento adeguati, ma anche nella posizione adeguata, con l'attrezzatura adeguata. Di nuovo, ci sono variazioni. Mi è stato insegnato (e talvolta insegno io stesso) che il vero arciere non ha nemmeno bisogno di un arco, freccia o destinazione per scagliare il colpo. E devo dire che anche quando ero fisicamente incapace di alzare o tendere un arco, ho comunque eseguito il compito nella mia mente e nel mio cuore, tutti i giorni.

Per la maggior parte degli scopi, tuttavia, posso dire che il tiro con l'arco può essere eseguito con qualsiasi arco, di qualsiasi dimensioni e a qualsiasi distanza, utilizzando alcuni "punti di riferimento".

Io preferisco usare un arco lungo fiammingo, che tira circa 30 chili, ma ne ho usati e posseduti anche di altro tipo. Ora che ci penso, ho anche usato una cerbottana seguendo un rituale simile e ho ottenuto risultati soddisfacenti.

Non consiglio nessun arco con componenti meccaniche aggiuntive semplicemente perché devo ancora capire come armonizzare la fluidità del colpo con questi dispositivi. Con questo non voglio dire che sia impossibile farlo. Dico semplicemente che non l'ho fatto, e non ho sinceramente intenzione di impiegare tempo a cambiare le mie abitudini ora. Mi trovo bene con la tecnica che uso al momento, che è quella di trascendere il colpo e rilassarmi in uno stato di consapevolezza elevata.

È possibile accedere al precedente estratto di questo articolo attraverso il blog (www.5birdsmartialarts.blogspot.com) o presso il sito www.vision-revision.pbwiki.com. Entrambi sono gratuiti, ma richiedono l'iscrizione. Grazie.

La Dieta Graduale

Barbara Rich (alias Ageless1der)

Parole come scossa al sistema, cambiamento drastico o taglio improvviso tendono a spaventare la gente e a farla stare lontano dall'apportare modifiche alle loro diete. Non ho mai creduto nell'idea che si debba soffrire per raggiungere dei buoni risultati. Perciò, vi consiglio di affrontare qualsiasi obiettivo in maniera semplice e rilassata. Che ve ne pare?

Una goccia d'acqua che cade in maniera regolare per un periodo di tempo otterrà gli stessi risultati di un'improvvisa inondazione. Quella singola goccia, se fatta cadere in maniera continuata, arriverà ad erodere la roccia più ostinata. La parte più difficile della dieta è quella introduttiva. Quindi partiamo facile. Il metodo che ho sviluppato è chiamato "La dieta graduale", ed è pensata per coloro che hanno chiaramente bisogno di perdere peso ma hanno difficoltà a familiarizzare con il concetto di dieta. I punti chiave sono: conoscere noi stessi, sapere quanti chili si ha veramente bisogno di perdere, e il momento in cui una dieta diventa un cambiamento di stile di vita.

Ecco come funziona:

Iniziate dimezzando la quantità di ciò che mangereste in un giorno normale. Non importa ciò che si mangia ordinariamente, il tipo di cibo o la quantità. Dovete soltanto puntare a dimezzare le dosi. Non vi preoccupate: non morirete di fame. Il vostro corpo si sentirà confortato dal fatto che è familiare con il tipo di cibo che sta assumendo. Vi potrete al massimo sentire un po' affamati. È meglio avere un'idea realistica della quantità di cibo che si mangia normalmente, prima di iniziare. Molte volte le persone sabotano le buone intenzioni aumentando all'improvviso la quantità di assunzione di cibo, prima di iniziare una dieta. Questa è una fame compulsiva, dettata da una sorta di fobia della dieta. Riducendo semplicemente le dosi, state cercando di non far notare al vostro organismo che state cominciando una dieta. Ogni individuo ha comunque esigenze dietetiche specifiche e particolari requisiti nutrizionali. Quello che sto raccomandando qui è pensato per coloro che sono chiaramente in sovrappeso e hanno provato altre diete senza successo.

Dopo aver dimezzato le dosi di una giornata, il giorno dopo tornate alle vostre porzioni usuali. Questo non significa che ora state esagerando, perché state di nuovo mangiando quello a cui siete abituati. Rilassatevi e vivete il processo in serenità. Ripetete questo schema per una settimana. Un giorno seguite la dieta nuova o graduale; il giorno successivo tornate alla vecchia dieta. La seconda settimana, aggiungete un giorno di dieta graduale. Dimezzate la vostra dieta quotidiana per due giorni e poi tornate a porzioni regolari per uno. Fate questo per due settimane. Dopo due settimane, aumentate i giorni di dieta a tre. Fate questo per tre settimane e così via.

Per arrivare ad un punto in cui i giorni di dieta vera e propria sono più di quelli di pasti normali ci vorrà circa un mese e mezzo. Chiaramente, non si vedrà un cambiamento così drastico come quello che si potrebbe avere con altre diete, perché non vi state affamando. State modificando gradualmente le vostre abitudini. Tuttavia, si saranno sicuramente assunte meno calorie, per cui ci saranno comunque dei risultati positivi. Ricordate, sto usando la quantità arbitraria di metà, basato sul presupposto che siate in sovrappeso perché siete abituati a mangiare troppo. L'idea è quella di mangiare ciò di cui avete bisogno per essere sani, piuttosto che ciò a cui siete abituati.

Ulteriori opzioni--

Quello che sto per dirvi vi piacerà un sacco. Potete scegliere liberamente il vostro "cibo dietetico". Durante il vostro giorno di dieta, se non volete fare solo metà porzioni potete seguire la dieta a zona, il programma Weight Watchers, la Dukan, quella che preferite. Si possono anche alternare vari programmi. L'idea di fondo è che si lavora sulla quantità di calorie. Questo metodo cambia gradualmente le vostre abitudini alimentari. Avrete sempre un giorno alla settimana per soddisfare le vostre voglie. Scatenatevi un po', ma tornate poi sempre al mangiare con moderazione. Ci saranno delle occasioni speciali, matrimoni, compleanni eccetera in cui è normale esagerare un po' e sarebbe ingiusto rinunciare a tutto ciò che è connesso con la celebrazione di queste occasioni. Lavorate intorno a queste occasioni speciali. Permettetevi di gustare il cibo che mangiate in quei giorni speciali. È possibile!

Esercizio-

L'esercizio fisico nel programma graduale è visto allo stesso modo del mangiare. Iniziate con calma e aggiungete sempre più giorni di attività fisica. Potete anche scegliere se volete fare esercizio nei giorni di dieta o di alimentazione normale. Come con la dieta, dovete trovare un ritmo e uno stile di allenamento che funzionino bene per voi in un primo momento e gradualmente aumentare il vostro programma di esercizio. Naturalmente, se state iniziando da zero qualsiasi aumento sarà semplice. Ricordate, qualsiasi quantità di esercizio fisico è meglio di niente.

Vi suggerisco di iniziare con delle semplici passeggiate. Come inizierete a perdere peso, vi sentirete meglio e sarete in grado di camminare più a lungo e più velocemente e persino di provare altri tipi più avanzati di esercizio. Se la vostra salute vi permette esercizi più faticosi, impegnatevi a farli. Ricordate che si tratta di calorie, e del rapporto tra quelle che assumente e quelle che bruciate. Preferisco la moderazione agli estremi. Credo che se tratterò bene il mio corpo, il mio corpo tratterà bene me; non lo spingo oltre i suoi limiti. Dovrei anche dire che non mi piace il dolore. Non dovete soffrire conseguenze terribili per rimettervi in forma. Dovete seguire uno stile di vita che vi mantenga sani e felice. Potete essere pigri sulla dieta se il vostro atteggiamento generale è quello di sconfitta.

L'atteggiamento è tutto-

Un altro aspetto molto importante di questa dieta è l'atteggiamento. Anche l'atteggiamento è una scelta. Siete in controllo del vostro atteggiamento, quindi potete sceglierne uno giusto. O sbaglio? Mi creo un'immagine mentale di me stessa al massimo del benessere e rendo quell'immagine il mio obiettivo. Se l'immaginazione non è così vivida, potete cercare una foto di voi che vi piace e metterla sul frigorifero o dovunque la possiate vedere e vi possa ricordare costantemente ciò che state realizzando.

Tenete un calendario sui giorni di vecchia e nuova dieta. Vi motiverà ad andare avanti.

Anche il vostro programma di esercizio dovrebbe essere registrato. Una volta che vi sarete abituati a seguire questo stile di vita, non sarà necessario continuare a scrivere tutto. Diventerà una parte di voi.

Educate voi stessi-

Ricordo ancora lo shock nel leggere su una scatola di cereali che una singola porzione apportava 130 calorie. Per singola porzione si intendeva mezza tazza: per curiosità ho misurato mezza tazza di cereali, per vedere quanti erano effettivamente, ed ho visto che non erano molti. Decisamente meno di quanti ce ne starebbero in una ciotola. Ho iniziato a misurare tutto ciò che mangiavo, e sono rimasta ancora più scioccata. Le porzioni consigliate erano sempre più piccole di quelle che ero abituata a consumare.

Qual è la soluzione? Tenere un misurino a portata di mano. Prendendo ancora in esame quella ciotola di cereali, quando si aggiunge il latte si arriva a 180 calorie. Quindi fate attenzione alla quantità di cibo che costituisce una porzione. A volte si pensa, "Beh, ho mangiato solo una ciotola di latte e cereali". Ma potrebbero comunque essere quasi 400 calorie. Leggete attentamente le etichette e confrontate vari prodotti. Potrete comunque decidere se mangiare di più di qualcosa con meno calorie, o meno di qualcosa che vi piace di più ma ha più calorie. L'importante è che prendiate decisioni coscienti e informate, basate su fatti.

Dolci e ricompense-

L'incoraggiamento è meglio della punizione. Quindi, ricompensatevi! Uno dei miei cibi preferiti sono i dolci, e non credo di essere l'unica. La maggior parte delle persone va matta per i dolci. Ci sono tanti dolci a basso contenuto calorico che potete mangiare nei vostri giorni di dieta. Usate dei surrogati dello zucchero nel porridge, sulla frutta, o dovunque usereste normalmente lo zucchero. Fa davvero la differenza. Non dimenticate le erbe. Non ci sono calorie in una spolverata di erbe aromatiche. Un po' d'olio d'oliva e aceto di riso con origano, basilico o aneto aggiungono dei sapori caratteristici. Ognuno di noi ha un'erba preferita. Scegliete la vostra e gustatevela! Moltissime barrette nutrizionali hanno un elevato contenuto calorico, in quanto pensate per aumentare la massa muscolare con le proteine. Alcune di queste barrette sono sostituti per i pasti, non snack. Il che significa che se ne mangiate una per pranzo, non dovete mangiare altro. La maggior parte di queste barrette devono essere divise a metà per poter essere considerate uno spuntino. Alcune hanno solo 120 calorie, ma sono piccole.

Lo yogurt è un'altra buona scelta per fare uno spuntino. Scegliete con criterio, leggete le etichette. Vi accorgerete che vi verrà più naturale scegliere cose buone per il vostro corpo più imparate a conoscerlo e ad ascoltarne i bisogni. Si possono trovare che sarà meglio si diventa in grado di attaccare per la roba buona più istruiti circa il vostro corpo. Lo yogurt è particolarmente salutare per le donne a causa del contenuto di calcio. Le verdure crude sono sane, ma sapevate che la salsa con cui le condite è molto calorica? Mescolate olio di oliva e aceto di riso e condite le verdure con quello. Lo uso anche per le insalate e come marinata per il pollo. Salse e condimenti contribuiscono molto ad aumentare l'assunzione di grassi e calorie. Quando usate salse come la vostra marca preferita di maionese o senape, leggete l'etichetta per determinare quale potrebbe essere una "quantità ragionevole". Bevete bevande dietetiche al posto di quelle standard, piene di zuccheri. Meglio ancora, provate il tè come sostituto di soda o caffè. Sapevate che il tè oolong e il tè verde stimolano il metabolismo? Provate a bere tè caldo quando fa freddo, e tè freddo quando fa caldo. Vi abituerete gradualmente a questi nuovi gusti e arriverete a includerli senza problemi nel vostro stile di vita.

Non vi dovete scoraggiare. Il vostro peso oscillerà. Dategli 6-8 settimane. Più siete in sovrappeso più veloce sarà la perdita di peso. Meno chili dovrete perdere, più ci vorrà, perché la manutenzione è a un apporto calorico inferiore. Il tuo corpo ha bisogno di tempo per regolare il metabolismo in modo tale da mantenere il tuo peso attuale. Avrà bisogno di tempo per resettarsi.

Il corpo miracoloso-

Il vostro corpo è una macchina di guarigione senza eguali. Il funzionamento interno del corpo è semplicemente incredibile. Il filtraggio e la purificazione degli anticorpi, la distribuzione delle sostanze nutritive tra i vari organi del corpo sono solo alcune della miriade di funzioni svolte quotidianamente dal corpo. Sappiamo che la cura che diamo ad una macchina ne garantirà le prestazioni e la resistenza. Prendiamoci cura del nostro corpo allo stesso modo e con lo stesso rispetto con cui trattiamo qualsiasi altra macchina nella nostra vita. Non abusatene, non prendetevene gioco, non torturatelo. I corpi in sovraccarico vanno in riserva, il che costringe il corpo a lavorare costantemente ed esaurire tutte le sue risorse. Amate il vostro corpo e dimostrate questo amore con i fatti: e anche il vostro corpo vi amerà.

Non castigatevi-

Siate gentili e buoni con voi stessi. Alcuni giorni sarà più difficili rispetto ad altri, ed è normale e giusto. Andate sempre avanti. Rimettetevi in sesto e ricominciate tutto da capo. Anche un brutto giorno ha in sé la promessa di un domani migliore. Non perdete di vista il vostro obiettivo. Questo piano di vita non è ideato per promuovere comportamenti autodistruttivi. Non è una questione di essere ingenui o eccessivamente ottimisti, ma di enfatizzare gli aspetti positivi e mantenere in vista i vostri obiettivi.

Ah, gioventù! (E salute) —

Gioventù così fugace... L'aspetto fisico della gioventù è impossibile da mantenere per tutta la vita. Il cuore e lo spirito, però, possono rimanere giovani per sempre. La scelta è nostra.

Quando i nostri cuori e gli spiriti sono giovani, abbiamo anche un aspetto più giovane. Perché non iniziare dall'interno, allora? Cambiate il vostro atteggiamento in uno di vitalità, indipendentemente dalle vostre limitazioni. Siate il più vitali possibile.

Iniziate una "lista di giovinezza". Che sia un diario o una serie di post-it, è sempre una buona idea avere qualcosa di scritto a cui fare riferimento per mantenersi in pista. In questo caso, fate una lista di metodi che volete sperimentare o avete già sperimentato e trovato efficace per sentirvi e mantenervi giovani. L'esercito degli Stati Uniti dice "Sii sempre al massimo delle tue potenzialità".

I più anziani (me compresa) possono iniziare con il mangiare meglio ed il fare esercizio. Una volta che siamo al nostro potenziale fisico, possiamo prendere parte a tutte le cose avvincenti che ci circondano. Viaggi, spettacoli, eventi sociali, tutte cose che ci spingono a sentirci giovani. Essere circondati dalla vita e da quello che ha da offrire ci mantiene motivati. Fermatevi a pensare a quello che sto dicendo. Pensate a tutte le cose che potete fare: sono tutte cose che quasi vi costringono a vivere. E siamo anche più saggi e più maturi, e non dobbiamo passare attraverso tutte le insidie che la gioventù deve sopportare. Spero che vi stiate dando delle amichevoli pacche sulla schiena. Gioite! Avete raggiunto l'età della maturità con entusiasmo e saggezza, e state leggendo un libro su come sfruttare al meglio il vostro potenziale!

Concentriamoci ora sugli aspetti della salute ottimale per potere godere di un ottimo potenziale in ogni aspetto della nostra vita. Esaminiamo la dieta come una delle cose che facciamo per mantenere i nostri corpi in salute ottimale, concentrandoci (ma non ossessionandoci) su ogni aspetto del nostro piano per assicurare che stiamo ricavando i massimi benefici dalla nostra strategia prescelta. In questo modo, la dieta può diventare la nostra forma di meditazione.

Come direbbero i taoisti: "Osservando se stessi attraverso l'occhio dell'osservatore perfetto, potete perfezionarvi".

Desideri, speranze, preghiere e strategie-

C'è una grande differenza tra desideri, speranze, preghiere e strategie. Tutti rappresentano livelli diversi della stessa cosa, un'applicazione della nostra consapevolezza.

Quando ho compiuto sedici anni, un evento molto importante si è verificato nella mia vita. Sono diventata auto-consapevole e soprattutto consapevole del processo di invecchiamento. Il momento è ancora vivido nella mia mente ora come lo era più di cinquant'anni fa. Mi resi conto che non avrei mai potuto avere ancora sedici anni! Seduta da sola sul mio letto, capii che non sarei mai potuta tornare indietro nel tempo. Non che abbia avuto un'infanzia particolarmente perfetta. Non ero una delle ragazze "popolari", e non ero ricca. Sapevo solo che la vita era un'esperienza unica e speciale, indipendentemente da ciò che aveva in serbo per me. Capii anche che la giovinezza è uno dei doni più grandi della vita. Fui assalita dal panico che invecchiare nel modo in cui avevo visto altre persone invecchiare avrebbe limitato la mia capacità di vivere la vita al massimo. Non è una preoccupazione strana per qualcuno che ha appena compiuto sedici anni? Non so, all'epoca (era il 1952) apprezzavamo la vita da una complessa serie di prospettive.

Decisi di pregare per la giovinezza. Il mio desiderio era innocente e sincero più di qualsiasi cosa avessi mai desiderato nella mia breve esistenza. Pregavo e piangevo. Mia madre mi sentì piangere e non sapeva come consolarmi. Non era molto pratica nel risolvere i problemi propri o altrui, era una donna molto timida e riservata. Ma poi arrivò mio padre.

"Sei ancora una ragazzina", mi disse. Mi sorrideva e mi cullava con le sue parole. "Hai così tanta vita davanti a te. Ogni anno ti aspetta una nuova avventura".

Mio padre ha vissuto fino a novant'anni. Anche quando eravamo entrambi in età molto più avanzata di quando mi dette quel consiglio, continuava a dirmi la stessa cosa: "Sei ancora una ragazzina".

Non potrò mai avere di nuovo sedici anni, ma posso ripercorrere ogni anno della mia vita attraverso i ricordi che ho impresso nella memoria.

Il mio consiglio qui (come per tutto il resto) è semplice. Sfruttate al massimo ogni anno della vostra vita e ogni età. Siate il meglio che potete essere *al momento*. Se seguite questi consigli, il vostro libro della vita testimonierà al prossimo che le preghiere vengono esaudite.

La felicità è fugace, ma vale la pena inseguirla-

"Sei felice?"

Quando la gente mi fa questa domanda, ho sempre difficoltà a rispondere. La felicità non è una condizione. Da questo punto di vista, vediamo che possiamo avere momenti felici, ma le cose e le circostanze cambiano. La capacità di adattarsi a questi cambiamenti in modo positivo è la chiave. Da bambina ho lottato molto con la delusione. Se mi veniva detto che non potevo andare in spiaggia perché c'era brutto tempo o perché si era rotta la macchina, mettevo il muso ed ero triste per tutto il giorno. Che spreco!

La vita vi sorprenderà. Non considerate ogni sorpresa come mera delusione. Dategli un risvolto positivo. Se piove guardatevi un buon film, o invitate un amico a pranzo e fate due chiacchiere. Quello che sto cercando di dire è "Adattatevi e aspettate. Qualcosa succederà". Capite la differenza tra resistere e non rinunciare.

Perseguite i vostri sogni, ma seguite anche il flusso della vita. Siate aperti a ciò che potrebbe essere meglio per voi. Se siete contenti di dove siete arrivati nella vita e accettate le cose per quel particolare momento, si apriranno le porte di molte altre possibilità che, se scelte, vi porteranno ad un altro livello. Possiamo tutti avere la nostra quota di felicità, se scegliamo di averla. Si aprirà una porta solo quando si lasceranno andare circostanze e situazioni che ci trattengono. Perseguire la felicità è molto più facile quando si ha un quadro chiaro di ciò che significa per voi.

Pensate alla dieta come ad una forma di meditazione-

È possibile trasformare i pasti in un atto spirituale. Molte culture pregano durante i pasti. Penso che questa sia una grande idea per coloro che credono nella preghiera. Alcune persone credono che ogni azione sia una preghiera e che mangiare sia solo un'altra azione. Vedo una grande saggezza in questo modo di pensare. Si può facilmente trasformare la dieta in una forma di meditazione, soprattutto se si include la preparazione e le scelte che facciamo nei generi di alimenti che mangiamo.

Una soluzione giusta e sbagliata-

La differenza tra i “programmi di perdita di peso” e le “diete sane” è la stessa differenza che c’è tra successo e fallimento, a mio parere. Ogni strategia di vita dovrebbe includere una valutazione equa delle insidie del piano, come, nelle diete, i comportamenti ossessivi (bulimia o anoressia). Usate il buon senso. Se qualcosa vi sta danneggiando più di quanto vi stia aiutando, è il caso di smettere di farlo! Ricordate la vecchia barzelletta dell’uomo che va dal medico dicendo “Dottore, mi fa male quando faccio questo movimento”, e il medico risponde “Non farlo”.

Se vi sentite deboli, avete dei dolori o altri sintomi che indicano un problema, vi consiglio vivamente di farvi visitare! In realtà, non sarebbe male vedere un medico prima di procedere con qualsiasi grande cambiamento nel vostro stile di vita, abitudini alimentari o regime di esercitazione.

Più grande il bersaglio, più è facile colpirlo-

Pensate al vostro peso forma come ad un bersaglio con una serie di anelli concentrici. Concedetevi una vasta gamma di successo. Se vedete che vi state muovendo nella direzione giusta in generale, avete già ottenuto un successo. Il peso del corpo fluttuerà naturalmente. Si pesa di più la sera rispetto alla mattina. Alcuni giorni si beve e trattiene più acqua di altri. Il tuo corpo cambia anche con le stagioni. Stiamo parlando di piccole fluttuazioni di peso, niente di drastico. Se pesi 20 chili in più oggi rispetto a due settimane fa, non è normale.

Siete unici-

Ognuno è diverso. Ogni individuo ha esigenze diverse, come pure diversi punti di partenza per lo stesso obiettivo. Le differenze sono spesso evidenti (uomini vs donne, bassi vs alti, atletici vs sedentari), altre meno (metabolismo ereditario, tassi di produzione di colesterolo).

Le differenze di età, sesso e corporatura sono fondamentali da considerare quando si prepara un programma di esercizio.

Mio marito per esempio è molto più atletico di me. Beve più acqua, mangia di più, può consumare più carboidrati di quanti possa consumarne io. Tuttavia, a causa del suo background genetico ha il colesterolo molto più alto del mio. Recentemente, tuttavia (dopo aver seguito una cura di ipocolesterolemizzanti), ha fatto degli esami di controllo per misurare il livello di blocco delle arterie. Questa risultò essere pari a zero in tutte le arterie. Mio marito decise allora che non aveva bisogno di abbassare il colesterolo.

Uno dei nostri amici adora i fast food, controlla regolarmente i livelli di colesterolo e non l'ha mai avuto alto. Ama anche giocare a tennis, una volta o due a settimana, ma non fa nessun altro esercizio fisico. Gli sport non mi sono mai particolarmente interessati, ma amo ballare. A volte metto ancora su alcune vecchie canzoni e ballo per casa mentre faccio le pulizie, o per puro divertimento. A meno che non abbiate subìto un infortunio o vi sia stata diagnosticata qualche malattia, l'esercizio fisico non può farvi del male. Se siete attualmente attivi noterete che più vi avvicinate al vostro peso ideale, e più forti ed energici vi sentirete. Qualsiasi attività fisica è meglio di niente. Anche solo venti minuti al giorno vi allungheranno la vita di almeno dieci anni.

Tenete presente che il peso eccessivo può essere un ostacolo per qualsiasi esercizio scegliate. Se volete correre, camminare o fare trekking e scoprite che vi fanno male le ginocchia, i fianchi, le caviglie o i piedi, è probabilmente perché state chiedendo loro di portare troppo peso. Trovate qualcosa che vi piace, fatelo a un livello che sia ragionevole per voi e continuate a fare quello, o sperimentate. Se provate abbastanza cose potrete andare avanti per molto tempo prima di esaurire le opzioni. A quel punto, potrete tornare indietro e rivedere quello che avete provato e magari combinare varie attività.

Iniziate il viaggio, delicatamente-

La ricompensa è un grande motivatore. Perciò dico, ricompensiamoci. Concedetevi un massaggio, una manicure o pedicure. Non deve essere qualcosa di costoso, basta che rilassi e ci faccia sentire coccolati.

Mi piace l'odore delle candele profumate e la musica soft mi rilassa, cambia il mio stato d'animo. Potreste anche collegare il massaggio ad una ricompensa per il buon comportamento, ma non è necessario renderla una connessione rigida. In altre parole, non dite "Mi farò fare un massaggio solo se perdo cinque chili", ma piuttosto "Se cambio il mio atteggiamento o perdo anche solo qualche etto, mi premierò con un massaggio".

Nei giorni di bel tempo, uscite a camminare! Fate un giro del quartiere, andate a trovare i vicini. Trovate un bel sentiero tra le colline, o lungo la spiaggia. Portate qualcuno con voi. Camminare e parlare fanno volare il tempo, e si fa esercizio senza rendersene conto.

La cerimonia del tè-

Quanto a cose rilassanti, ho sempre avuto un amore speciale per condividere una tazza di tè con un amico. Molte culture hanno elevato questo semplice atto ad un livello di importanza suprema. Gli inglesi hanno l'ora del tè. I giapponesi hanno reso la cerimonia del tè un'espressione religiosa. Quando bevo una tazza di tè, mi concedo anche uno o due biscottini. Provate e lasciate che il tè metabolizzi il biscotto per voi!

Oltre alle vostre esigenze nutrizionali, un momento rilassante con un amico può fare meraviglie per il vostro stato d'animo. Come ho scritto nel racconto "La tazza miracolosa", è così che le donne hanno evitato psichiatri e terapeuti per molti decenni.

Barbara è una scrittrice e giornalista. Il suo racconto"La tazza miracolosa" ***(The Mended Cup)*** *compare nella raccolta "Le donne e le tazze di conforto"* ***(A Cup of Comfort for Women)****, pubblicato da Adams Media Corporation. È co-autrice del blog* ***Recensioni bifocali*** *(un link a questo blog compare sul wiki di Vision-Revision, e L&L Magazine) ed ha pubblicato il suo primo romanzo"****Attraverso la finestra" (Through the Window)****, basato su una storia vera, nel 2014.*

Acqua Per la Meditazione: è Elementare

Gordon Richiusa

Da un inserto nell'originale ***Go Tao Chi***

Che cosa posso dire riguardo l'importanza dell'acqua, dell'oceano e del fenomeno della Wave Riding che non sia già stato detto? Anni fa, ho scritto un libro pieno di foto di onde e brani tratti da interviste fatte mentre facevo surf. Ho sempre portato la mia curiosità giornalistica con me ovunque andassi. Mi spostavo qua e là con la mia tavola, mi avvicinavo agli sconosciuti e facevo loro domande sul surf nell'ottica dei cinque principi. Oggi si sente parlare di "soul surfing", ovvero del surf come uno sforzo spirituale.

Quello che stavo cercando di dimostrare attraverso le mie interviste (e che, devo ammettere, non sono riuscito a dimostrare) era che cavalcare o anche solo ammirare le onde dalla riva di un oceano può aiutarci a entrare in contatto con il flusso della vita. Oltre al fatto che l'acqua è essenziale per l'esistenza della vita (dopo l'aria, è l'elemento più importante per la sopravvivenza umana), sono stati condotti una serie di studi che hanno dimostrato quanto e su quanti diversi livelli sia benefico stare dentro e vicino all'acqua.

Recentemente c'è stato anche un fotografo, Masaru Emoto, che nel suo lavoro di microfotografia "I messaggi dell'acqua" ha dimostrato come la struttura della molecole dell'acqua si modifichi in base a ciò che gli esseri umani sentono, a come esprimono i propri pensieri o a cosa scelgono di dire ad alta voce.

Alcune persone credono che gli esseri umani siano strettamente correlati ai delfini e balene a causa di ciò che è conosciuto come il "riflesso del tuffo". Non appena la faccia di un essere umano tocca l'acqua, la frequenza cardiaca rallenta e diminuisce il bisogno di ossigeno. Altri sostengono il parto in acqua come un metodo valido in quanto si tratta di un ambiente più rilassante e tranquillo rispetto a una stanza d'ospedale. Inoltre, un bambino (come un delfino o una balena) non cercherà di respirare fino a quando il suo naso non uscirà dall'acqua.

In ogni caso, l'acqua è stata una parte importante della mia vita sin da quando ero molto giovane, e la spiaggia è il mio luogo preferito per praticare il Go Tao Chi, in quanto migliora la mia consapevolezza spirituale. Per illustrare i nostri punti dei cinque principi più chiaramente, vediamo come gli esseri umani interagiscono con l'acqua per vedere come ci rapportiamo al mondo intorno a noi.

Il nuoto, per esempio, non è un'attività naturale. Gli esseri umani (e i nostri parenti stretti, le scimmie o i primati) non possono nuotare senza che venga loro insegnato. Devono "imparare i modi di nuotare". Questo ha una ragione semplicemente fisica. Ogni animale, se immerso in acqua, raggiunge ad un certo punto un assetto neutro. Ciò significa che tutto galleggia. Il problema è che la maggior parte degli animali a quattro zampe raggiungono l'assetto neutro ad una profondità da cui possono ancora mantenere la testa al di sopra dell'acqua in una posizione che è naturale per loro. Gli esseri umani, raggiungono l'assetto neutro con solo la cima della testa fuori dall'acqua (se sono fortunati) e con la bocca sott'acqua. Questo è dovuto al fatto che la loro posizione naturale è in verticale, su due gambe. È per questo che è più facile insegnare ad un bambino a nuotare che non ad un adulto, ed è per questo che gli animali a quattro zampe sono in grado di seguire la loro madre direttamente nell'acqua e nuotare facilmente. Gli animali a quattro zampe, quando nuotano, generalmente non fanno niente di diverso da quello che fanno sulla terra. Il filosofo greco e matematico Archimede capì che "qualsiasi oggetto, totalmente o parzialmente immerso in un fluido, è sostenuto da una forza uguale al peso del liquido spostato dall'oggetto". Ecco perché una barca enorme, di cemento o acciaio, può galleggiare. Deve raggiungere il punto di galleggiamento neutro con il ponte sopra la superficie.

James E. "Doc" Counsilman, nel suo libro "La scienza del

nuoto", ha dimostrato quanto sia importante la comprensione delle leggi della fisica newtoniana per migliorare le tecniche di nuoto. Tutto, da come attrito e propulsione influenzano la bracciata al concetto che alcune persone saranno semplicemente più veloci in acqua a causa del loro livello di grasso corporeo. Tuttavia, non sarebbe un'esagerazione per dire che il Doc Counsilman visse e morì nel tentativo di migliorare le tecniche di nuoto.

Io nuoto ancora più volte a settimana, o sto a bordo acqua ogni volta che non posso entrarci. Ogni volta che vado effettivamente in acqua, sia che stia facendo una particolare bracciata o stia solo galleggiante, penso a tutto quello che ho imparato dai libri del dottor Counsilman. Mi piace anche praticare movimenti di tai chi o yoga con la faccia appena sotto la superficie dell'acqua, così che il mio corpo si calma, il mio battito cardiaco rallenta e sono costretto a controllare il mio respiro più di quanto non potrei fare se fossi sulla terraferma. Il modo "giusto" per interagire con l'acqua varia a seconda dell'individuo, della forma dell'acqua, e del fine ultimo che si sta cercando di derivare dall'interazione. Se si sta cercando di nuotare velocemente, alcune leggi della fisica sono importanti e pertinenti. Se state facendo tuffi o galleggiando, il principio di Archimede viene rispettato, che tu ne sia più o meno consapevole. Se semplicemente guardi dell'acqua che si rovescia su di un argine o lambisce una riva o cade congelata nella forma di un fiocco di neve, la vostra consapevolezza è sempre arricchita da una combinazione di concetti e di esperienze.

Infine, quando ripenso ai momenti più memorabili nella mia vita, penso che trovarmi “all’interno” di un'onda, con il suono di accompagnamento, la vista e la stimolazione fisica, sia qualcosa di indelebile nella mia memoria e nello spirito. Il breve momento di viste uniche, suoni, sentimenti che sono una ricompensa diretta per le scelte consapevoli e le motivazioni che mi hanno portato a cavalcare quell’onda sono un dono della vita che anche l'uomo più testardo può apprezzare.

La Mia Visione per il Terzo Millennio

di Grande Maestro Jhoon Rhee

("65 anni di pratica di Taekwondo mi hanno portato a concepire il concetto di TRUTOPIA, che è sostanzialmente una speranza di curare il mondo".

Grande Maestro Jhoon Rhee)

Nota dell'autore/editore: il seguente è un estratto da TRUTOPIA di Jhoon Rhee. Invito gli accademici a notare le somiglianze tra la filosofia di Jhoon Rhee e quelle attribuite ad altri grandi filosofi quali Aristotele e Socrate. Inoltre, ogni volta che volete, provate a sostituire le parole "arti marziali" o "Tae Kwon Do" con "successo"o altre parole a voi familiari nelle vostre discipline. Non riusciremo mai esprimere tutta la nostra gratitudine nei confronti del signor Rhee per averci permesso di includere queste pagine nel presente testo.

Noi praticanti di arti marziali, cittadini del mondo,

intendiamo divulgare al mondo la filosofia del “dai l’esempio con le tue azioni”. Sappiamo tutti che un’immagine vale 1000 parole, ma dobbiamo anche sapere che un'azione vale 1000 immagini. La filosofia del dare l’esempio è stata progettata per ispirare le persone a raggiungere una maggiore illuminazione, per garantire un’educazione efficace dei bambini ai fini dell’unità familiare e a promuovere la diversità culturale dell'armonia universale. Questa filosofia può essere attuata attraverso la “Gioia della disciplina”: un programma di esercizio fisico e mentale che può condurci ad ottenere “100 anni di saggezza in un corpo di 21 anni”, il fondamento per una società globale felice.

“Dai l’esempio con le tue azioni” è una nuova campagna sociale di risveglio delle coscienze per promuovere una perfetta società globale del terzo millennio. Non è una religione, ma riconosce un’Intelligenza Suprema come origine della vita e della felicità.

Le persone sono in continuo movimento per evitare il dolore o per cercare la gioia e il benessere. Pertanto, lo scopo universale della vita, senza dubbio, è la felicità. Il valore massimo per la felicità è l’amore; solo la bellezza di spirito fa scattare l'emozione dell'amore; e solo la verità abbellisce il cuore umano. Quindi, quando sono fedele alla verità, il mio cuore è bello e puro; se il mio cuore è bello, la gente mi ama; e se la gente mi ama, io sono felice.

Al contrario, quando inganno, il mio cuore è brutto; se il mio cuore è brutto, la gente mi odia; se la gente mi odia, io sono infelice. Pertanto, una condotta di vita fedele alla verità non è solo buona, ma anche saggia. Ingannare non è solo sbagliato, ma anche sciocco. Verità, bellezza e amore sono i tre elementi base del bene secondo i quali dobbiamo vivere ogni giorno. Inganno, bruttezza e odio sono tre elementi di base del male che dobbiamo riconoscere ma mai praticare. Tutti i pensieri di verità, bellezza e amore secernono una sostanza cerebrale positiva, le endorfine beta, che contribuiscono a migliorare la salute e danno felicità, ma i pensieri di odio, inganno e bruttezza secernono adrenalina, che conduce allo stress (che può, a sua volta, causare malattie mortali).

Tutti sono nati per essere felici in ogni momento della loro vita. Tutti meritano l'ambiente sociale più gioioso e sereno per l'assoluta felicità globale. Il fondamento per una società felice è carattere umano perfetto, che eserciti la vera libertà approvata dalla coscienza e non pratichi mai la falsa libertà alla quale si è spinti da egoistici istinti animali. Le persone del terzo millennio devono essere degli esseri umani perfetti, che non sbagliano mai consapevolmente, non nuociono a nessuno e fanno del bene a tutti. Quindi, in quanto praticante di arti marziali, devo sviluppare un corpo perfetto che sia tempio adeguato per una mente perfetta.

Un essere umano ideale è colui che ha conseguito una formazione composta da tre qualità umane fondamentali: forza, onestà e conoscenza. Lo scopo della conoscenza è quello di agire, perché la conoscenza non fa accadere le cose, a differenza dell'azione. Tutti i genitori del terzo millennio devono diventare maestri di vita per i loro figli, non solo a parole, ma anche con le azioni: i bambini sono nati per imparare non solo attraverso l'ascolto, ma anche e specialmente osservando le azioni degli adulti. Un buon comportamento coerente e l'azione spontanea derivano da buone abilità e abitudini.

Tre regole d'oro per genitori e insegnanti per aiutare i bambini a sviluppare molte buone abilità e abitudini sono: (1) dare l'esempio; (2) non mancare mai di correggere gli errori dei bambini con un sorriso, finché non sviluppano delle buone abitudini; (3) dare continuamente l'esempio.

Pertanto, recito di seguito le mie quattro affermazioni quotidiane per ribadire il mio impegno a raggiungere 100 anni di saggezza in un corpo di 21 anni:

1. Sono soddisfatto di me stesso perché agisco sempre per far accadere buone cose.
2. Sono umanamente perfetto, perché non faccio mai errori consapevolmente.
3. Sono saggio perché imparo sempre qualcosa di buono tutti i giorni.
4. Sono felice di essere quello che sono, perché scelgo sempre di essere felice.
5. Sono uno dei saggi, umanamente perfetti, attivi e felici centri dell'universo.

Le sette qualità di un campione

A. Le arti marziali come filosofia d'azione

Quando sono diventato un istruttore di Taekwondo, ero

convinto che la mia arte marziale fosse una filosofia e che potesse essere determinante nello sviluppo dei nostri giovani attraverso la disciplina mentale e l'allenamento del corpo. Tuttavia, mi era difficile giustificare come pugni e calci potessero essere una filosofia. Negli anni settanta, stavo scrivendo una colonna per la rivista Blackbelt ("Cintura nera"). L'editore mi chiese di scrivere un articolo per giustificare il Taekwondo come una filosofia. Capii che ero nei guai, perché non sapevo cosa dire. Dopo tre mesi di ricerca, riuscii a sviluppare il mio articolo, che intitolai "Le sette qualità di un campione" e che divenne poi abbastanza popolare tra i praticanti di vari altri stili di arti marziali.

Gli psicologi dicono che logica non sempre attiva un'emozione, mentre le azioni lo fanno sempre. Il modo più efficace per creare uno stato mentale desiderato è un'attività fisiologica che sia in parallelo con questo stato desiderato. In altre parole, il nostro stato d'animo è causato non solo dai pensieri, ma anche attraverso parole pronunciate, azioni e particolari posture del corpo. Quando chiedo al mio pubblico: "immaginate di essere tristi", quasi tutti abbassano la testa e le spalle. Se dico "Immaginate di essere felici ed entusiasti", quasi tutti sollevano la testa e raddrizzano la postura.

Il dr. Bernie Siegel è l'autore di un libro intitolato "Amore, medicina e miracoli". È un chirurgo che ha lavorato con i malati di cancro utilizzando il sistema delle immagini psicologiche. La cosa affascinante è che il corpo e la mente sono, palesemente, strettamente collegati. Per esempio, racconta come a dodici pazienti affetti da cancro fosse stata somministrata una pillola e detto loro che si trattava di una pillola di chemioterapia. Tuttavia, a sei dei pazienti fu somministrato solo un placebo. Indovinate cosa successe? Tutti e dodici i pazienti, compresi quelli a cui era stato dato solo un placebo, cominciarono a perdere i capelli. Dato che tutte queste persone credevano che la pillola potesse causare la caduta dei capelli, questo era il messaggio che loro menti avevano passato ai loro corpi, e i loro corpi avevano reagito di conseguenza. Non è sorprendente?

Queste osservazioni hanno rafforzato la mia idea che le arti marziali possono essere "filosofie d'azione", e che possano modificare il comportamento dei nostri bambini. L'essenza dell'insegnamento delle arti marziali deve essere la filosofia, perché le arti marziali senza filosofia sono semplici e volgari tecniche di combattimento.

Esaminiamo ora come la qualità fisiche possano migliorare le qualità umane, che possono poi essere applicate al nostro vivere quotidiano. In un campione di arti marziali e di vita, troviamo qualità parallele corrispondenti.

Ci sono sette qualità fisiche di base che vengono sviluppate attraverso le arti marziali. Queste qualità fisiche possono essere trasformate in qualità umane, perché il corpo e la mente sono inseparabili come lo sono il calore e la luce in una fiamma. Il fatto che un movimento inneschi un'emozione tanto quanto un'emozione innesca un movimento è un'importante scoperta psicologica. In altre parole, siamo felici quando cantiamo, così come cantiamo quando siamo felici. Per diventare veri campioni di vita e di arti marziali, dobbiamo sviluppare le seguenti qualità umane e l'abitudine alle azioni positive.

B. Le sette qualità di un campione

1. Potenza /conoscenza/potenza eccellente

Non si diventerà mai campioni di arti marziali senza sviluppare la potenza, intesa come sviluppo di forza mentale e fisica. Tutti noi abbiamo potenziale per il genio, e tutti possiamo diventare esperti in almeno un campo e prestare servizio al prossimo ai fini della felicità reciproca. Ci sono due tipi di conoscenza: quella delle cose mondane e quella delle questioni mentali. La conoscenza di cose mondane ci consente di fare prima qualcosa per noi stessi e poi di condividerlo con gli altri. La conoscenza delle questioni mentali ci permette di sviluppare un buon carattere per migliorare il nostro rapporto umano con gli altri.

Le due conoscenze sono complementari, e insieme ci mostrano la via per raggiungere la forza intellettuale. Come generiamo la nostra forza fisica attraverso lo sviluppo dei muscoli con l'esercizio quotidiano, dobbiamo anche sviluppare la forza mentale sviluppando quotidianamente i nostri muscoli mentali attraverso l'esercizio mentale, il pensiero positivo, la memorizzazione, l'analisi, la creatività e la risoluzione dei problemi.

Un corpo sano dona benessere fisico, ma non la pace della mente o la felicità. L'onestà può portare la pace della mente, ma non necessariamente la felicità, che è lo scopo ultimo della vita. Una persona onesta non può danneggiare nessuno, ma senza conoscenze o abilità non può neanche contribuire alla società.

La vera felicità deriva dall'essere fisicamente libero di fare le cose che la mente desidera. I punti di forza mentale e fisici insieme possono fornirci i mezzi per realizzare i nostri desideri. Una persona è il prodotto dell'educazione e dell'istruzione che ha ricevuto, con un'apparentemente illimitata capacità innata di imparare se solo si riesce a capire come sbloccarne il pieno potenziale.

Così come crescono i nostri corpi, anche le nostre menti crescono e si sviluppano. Una delle cause principali dell'infelicità sono i quotidiani errori che facciamo o consapevolmente (crimini) o inconsapevolmente (incidenti); in entrambi i casi, ci fanno male. Attraverso l'istruzione, la razza umana ha fatto molto per migliorare i suoi standard economici. Credo che tutti siamo potenzialmente dei geni, alla nascita, e tutti abbiamo il potenziale per raggiungere il successo se solo riusciamo ad avere l'atteggiamento giusto e il desiderio di avere successo.

"Un genio è 1% ispirazione e 99% sudore", *Thomas Edison.*

Sono molto felice che la nostra professione, insegnare le arti marziali, sia riconosciuta come una delle più belle arti dal pubblico in generale, soprattutto quando i movimenti sono sincronizzati con la musica. John Adams, all'inizio della sua vita professionale, partiva dal presupposto che lo scopo dello studio fosse quello di migliorare le arti per il compimento finale della felicità umana. Come campioni di arti marziali, dobbiamo sviluppare i nostri poteri di rafforzare efficacemente il corpo, il cuore e la mente, al fine di imparare in modo efficiente come applicare continuamente la nostra arte. Il leggendario allenatore di basket John Wooden, a 98 anni, disse: "Quando finirò di imparare, avrò esaurito il mio compito nel mondo e il mio motivo di vita."

Finché viviamo, non dobbiamo mai smettere di imparare. Coltiviamo dunque la potenza sviluppando la forza del corpo, l'onestà del cuore e la conoscenza nella mente. Possiamo aumentare la nostra conoscenza attraverso l'apprendimento costante, dall'ascolto della nostra coscienza e della ragione e dall'accumulo di conoscenze di questioni mondane, prestando particolare attenzione ai nostri insegnanti e al mondo intorno a noi. Con la conoscenza sia interiore che esteriore, svilupperemo forza interiore e saremo in grado di influenzare positivamente chi ci sta intorno.

Come praticanti di arti marziali, sviluppiamo un'abitudine quotidiana ad esercitare i nostri muscoli. Per diventare campioni umani, dobbiamo anche sviluppare un'abitudine quotidiana all'apprendimento. Coloro che sviluppano le abitudini quotidiane di fare esercizio e di apprendimento costante sicuramente raggiungeranno sia il successo finanziario che la fiducia e l'orgoglio necessari per una vita felice.

2. Rapidità/vigilanza/consapevolezza

Mentre addestravo Muhammad Ali per il suo match con il quale avrebbe dovuto difendere il titolo contro il campione britannico Richard Dunn a Monaco di Baviera, nel 1976, fu coniata la parola "Accu-punch": si tratta di un pugno eseguito nel momento esatto in cui si decide di dare un pugno, e quindi di un pugno del corpo e della mente in completa sincronia. Non ci dovrebbe essere alcun intervallo di tempo tra la decisione e l'esecuzione di un pugno. Questo non solo elimina il movimento telegrafico, ma aumenta anche l'accelerazione e aumenta enormemente il potere. Seguo questo principio nella mia vita quotidiana ogni giorno: "Non procrastinare mai".

Durante i miei seminari di arti marziali, mi piace fare una dimostrazione di pugno con l'aiuto di due o tre volontari del pubblico. Chiedo loro di bloccare un pugno mirato al volto. Nessuno è mai stato in grado di bloccare effettivamente il mio pugno, apparte un fortunato gentiluomo durante un seminario alle Hawaii. La verità è che è quasi impossibile da bloccare, non solo perché il mio pugno è veloce, ma anche perché capisco e applico il principio psicologico dell'"Accu-punch."

Quando siete al volante, non potete frenare sul pedale del freno nel momento esatto in cui vedete un semaforo rosso. Ci vuole tempo perché gli occhi comunichino l'informazione al cervello, e il tuo cervello dica al piede di schiacciare il freno. Il lasso di tempo necessario per reagire è chiamata "tempo di reazione umano". Questo ritardo è il motivo per cui, quando si progettano i semafori, la durata della luce gialla è determinata dal limite di velocità e dalla larghezza di ogni intersezione. Per essere campioni nella vita, non dobbiamo solo essere in grado di avere reazioni fisiche veloci: dobbiamo anche sviluppare la capacità di pensare rapidamente quando ci troviamo a dover affrontare sfide e problemi della vita quotidiana. Ovviamente, è un principio molto importante per tutti i combattenti il riuscire a sferrare un pugno senza venire bloccati.

Lo scopo del gioco in un combattimento è di colpire il nemico prima che si venga colpiti. Stare un passo avanti rispetto al proprio avversario è la chiave del successo. Non possiamo avere alcun controllo sulle tecniche con cui i nostri avversari ci affrontano, ma possiamo sì controllare come contrattaccare o come avviare una tattica offensiva.

Per lo stesso motivo, non abbiamo alcun controllo sulle nostre sfide quotidiane; ma possiamo avere controllo su come ci prepariamo a reagire a qualsiasi avvenimento. È il nostro atteggiamento che determina il risultato di tutto ciò che accade nella nostra vita quotidiana. Allo stesso modo in cui perderete l'occasione di colpire la maggior parte dei bersagli se non prenderete l'abitudine di reagire rapidamente, chi prende l'abitudine di procrastinare non riuscirà mai ad avere successo nella vita. Chi procrastina è ladro del proprio tempo.

Così, dobbiamo sviluppare l'abitudine a pensare velocemente e stare un passo avanti rispetto all'avversario, ad essere sempre preparati nella vita quotidiana, proprio come sviluppiamo la velocità e la prontezza di stare davanti a un avversario per diventare campioni di arti marziali.

3. Tempismo / puntualità / consegne puntuali

Al fine di diventare campioni di arti marziali, si deve sviluppare un tempismo quasi perfetto. Lo sviluppo di velocità e potenza non è sufficiente per diventare un campione. Essere il più veloce e il più forte non necessariamente significa avere successo, a meno che quell'individuo non impari ad agire nei momenti appropriati. Durante gli incontri di allenamento, non non c'è tempo per pensare. Ogni mossa deve essere fatta al momento giusto per coordinarsi alla perfezione con l'avversario. Attraverso la pratica costante, saremo in grado di lanciare calci e pugni verso i punti giusti, al momento giusto.

Per lo stesso motivo, al fine di diventare campioni nella vita, dobbiamo sviluppare l'abitudine di scegliere il momento giusto e agire in modo appropriato per il successo. Ciò include sviluppare l'abitudine quotidiana di essere puntuali agli appuntamenti con la nostra famiglia, gli amici, i colleghi e così via. Come disse George Washington, "La disciplina è l'anima di un esercito."

La disciplina di rispettare il tempo è un modo per sviluppare l'autostima, il primo passo verso il rispetto per genitori, insegnanti e coetanei. Ci sono molti che sono capaci, eppure non riescono nella vita a causa della mancanza di disciplina nella loro gestione del tempo. Siamo limitati dal tempo e dallo spazio, e dobbiamo rispettare entrambi essendo puntuali. Con l'abitudine di essere puntuali, sviluppiamo una buona reputazione e ci costruiamo un'aura di credibilità, qualità che sono la base per il successo nella vita. L'espressione “Per avere successo, uno deve essere al posto giusto al momento giusto” riassume l'importanza del tempismo nel diventare un campione nella vita.

Nel mio ultimo anno presso l'Università del Texas, uno dei miei insegnanti disse: “Quando venite assunti in un posto nuovo, sviluppate l'abitudine di arrivare in ufficio cinque minuti prima del vostro orario d'inizio, e di lasciare l'ufficio cinque minuti dopo l'orario di chiusura. Il vostro capo apprezzerà sicuramente, e verrete probabilmente promossi alla prima occasione.”

Così, cerchiamo di sviluppare puntualità nella vita quotidiana, proprio come sviluppiamo un buon tempismo per diventare campioni di arti marziali.

4. Resistenza / perseveranza / persistenza

Nelle arti marziali, un campione deve allenarsi a sviluppare resistenza cardiovascolare e muscolare. L'Istituto Jhoon Rhee ha creato il “doppio-contrattacchi”, un programma di allenamento per principianti mirato a sviluppare la determinazione di uno studente a vincere.

Questo programma crea l'abitudine di sferrare un secondo o un terzo contrattacco quando i nostri attacchi vengono bloccati e contrattaccati. Spesso, non riusciamo a contrastare l'attacco del nostro avversario al primo tentativo, ma al secondo o al terzo.

Thomas Edison, il più grande inventore della storia moderna, ci ha lasciato delle perle di saggezza dopo aver fallito tante volte nei suoi esperimenti per sviluppare il filamento di carbonio impregnato utilizzato nella prima lampadina a incandescenza. Dopo 5.000 esperimenti, un giovane giornalista gli chiese perché stava perseverando con i suoi esperimenti dopo tutti quei fallimenti. Edison rispose: "Ragazzo, credo che tu non capisca come funziona il mondo. Non ho avuto 5.000 fallimenti. Ho identificato correttamente 5.000 metodi che non funzionano. Questo mi avvicina di 5.000 metodi a quello funzionante."

A seconda dell'individuo, un senso di persistenza può cambiare non solo il destino di una persona ma di tutta la storia umana. Marvin White, uno dei miei studenti di cintura marrone, è nato con la sindrome fetale talidomide, con solo una gamba, due gomiti e un pollice sul gomito sinistro. Veniva a guardare le classi in una delle nostre scuole di Taekwondo a Stafford, in Virginia, dove suo fratello era diventato uno studente. Un giorno il maestro Ken Carlson, il capo istruttore, disse a Marvin che, se voleva, anche lui poteva imparare le arti marziali. Marvin in un primo momento non gli credette, ma i persistenti tentativi del maestro Carlson finalmente convinsero Marvin a fare una prova. Un anno più tardi, Marvin potrebbe rompere due tavole con il suo calcio rotante a 360 gradi, due tavole e un mattone con il gomito e una tavola tenuta ad altezza testa con un calcio frontale saltato. Con le sue dimostrazioni ha toccato molti cuori, compreso il mio, dicendo al suo pubblico: "Non sarò un talento, ma sono felice. Se io posso essere felice, non c'è nessuna ragione per la quale chiunque altro non possa essere felice."

Essere persistenti significa affrontare le sfide, ma anche essere capaci di sviluppare e mantenere un livello costante di successo. Stabilire la costanza si può manifestare attraverso la pratica universale di frequentare le lezioni con regolarità e arrivare ogni giorno in orario al lavoro o a scuola.

La partecipazione perfetta è emblematica di questo principio, perché dimostra la capacità dell'individuo di dare priorità a ciò che è importante (che sia il lavoro o la scuola). Al fine di stabilire la partecipazione perfetta, questi individui non devono farsi distrarre dalle priorità minori o esporsi al rischio di ammalarsi. Mentre i successi momentanei possono essere difficili da raggiungere, gli obiettivi a lungo termine come la partecipazione perfetta sono perfettamente fattibili, ma richiedono uno sforzo persistente. Per esempio, il giocatore di baseball Cal Ripken Jr. è stato un eccezionale interbase e terzo difensore di base. Tuttavia, è conosciuto come "Iron Man" perché ha sempre mantenuto un alto livello di prestazioni e si è mantenuto in salute e in ottima forma per 2.632 partite consecutive, in un arco di oltre 16 anni!

Così, cerchiamo di sviluppare un senso di persistenza nella vita quotidiana così come sviluppiamo un senso di resistenza per diventare campioni di arti marziali.

5. Equilibrio / razionalità / stabilità

Al fine di diventare un campione di arti marziali, dobbiamo

avere un buon senso di equilibrio fisico. Quando si perde l'equilibrio in combattimento, si può perdere l'intero incontro. Quando si danno calci con una gamba sola, si ha una sola gamba per bilanciare il corpo. Attraverso l'allenamento disciplinato, si deve sviluppare questo senso di equilibrio per diventare campioni di arti marziali.

Ho già parlato del motto "forza del corpo, onestà del cuore e conoscenza nella mente" molte volte nei miei scritti, perché il nostro obiettivo è quello di rendere tutti i giovani della prossima generazione in grado di avere le caratteristiche adeguate per diventare veri adulti e persone umanamente perfette: forza, onestà e conoscenza.

Una persona di saggezza e di carattere che però non ha forza fisica non sarà in grado di funzionare fisicamente; una persona di saggezza e di forza senza carattere sarà pericolosa; e una persona di carattere e di forza ma senza conoscenza non sarà molto richiesta in nessuna società. Pertanto, è nostro dovere sviluppare salute, carattere e saggezza in maniera equilibrata prima possibile, prima che i bambini vengano influenzati da ambienti sociali negativi.

Per essere un campione di arti marziali, uno deve sviluppare la competenza nella capacità di utilizzare entrambe le mani ed entrambi i piedi. Non è sufficiente sviluppare un lato dominante per pugni o calci. Questo non solo limiterebbe le possibilità dell'individuo, ma creerebbe anche una sorta di dipendenza, che può essere sfruttata dall'avversario se il lato dominante è ferito.

Inoltre, un campione di arti marziali deve essere esperto nell'uso di mani e piedi: quattro armi sono certamente più utili di una o due! Allo stesso modo, un campione nella vita deve mantenere una buona salute osservando una dieta adeguata (mangiando moderate quantità di cibo di buona qualità), e bilanciando adeguatamente esercizio e riposo, avere degli hobby e godere dei propri successi nelle relazioni interpersonali e al lavoro o a scuola.

Dobbiamo anche bilanciare le nostre situazioni finanziarie. Nel mondo degli affari, il nostro bilancio deve essere equilibrato. Le famiglie lavorano sul bilanciamento del loro budget. Il nostro governo è gestito su una base di controlli e saldi e deve continuamente sforzarsi di equilibrare il bilancio nazionale. I politici di ogni nazione devono bilanciare il loro potere bilanciando i poteri esecutivo, legislativo e giudiziario del governo.

Sviluppiamo dunque un senso di equilibrio coltivando la forza del corpo, l'onestà nel cuore e la conoscenza nella mente, proprio come un praticante di arti marziali deve sviluppare un senso di equilibrio fisico allenando entrambi i lati del corpo.

6. Flessibilità / gentilezza / adattabilità

La flessibilità è una delle più importanti qualità fisiche per i praticanti di arti marziali, soprattutto quando si tenta di eseguire calci alti. Ancora più importante, la buona flessibilità aiuta a prevenire le lesioni muscolari e ai legamenti e ci aiuta a mantenere il fisico giovane. Analogamente, una mente aperta rappresenta il nucleo centrale del diventare un campione nella vita.

La natura dell'acqua è il miglior esempio del tipo di flessibilità che tutte le persone dovrebbero imparare. Non è interessante, peraltro, che i nostri corpi siano in gran parte composti da acqua? L'acqua è informe, incolore, inodore e insapore. Quando si versa in un contenitore rotondo, assume forma rotonda; in un contenitore quadrato, assume forma quadrata. Quando si aggiunge colorante rosso, diventa acqua rossa; blu con colorante blu e così via.

Quando beviamo acqua, diventa il nostro sangue, ormoni, lacrime e molte altre forme di liquido di cui il corpo umano ha bisogno. L'acqua diventa vino se mischiata con uva o altri frutti. Quando è miscelata con il sapone, diventa una sostanza in grado di pulire lo sporco. Quando è mescolato con sabbia e cemento, si trasforma in materiale di costruzione e quindi in edificio.

L'acqua piovana arriva dal cielo ma è attratta verso i luoghi più bassi sulla terra, a bagnare tutta la terra asciutta, per dare vita al regno vegetale che a sua volta dà vita al regno animale, di cui fa parte anche l'uomo. Poi, l'acqua che diventa vapore scompare di nuovo in cielo quietamente, senza reclamare alcun merito.

Le forme delle religioni più dogmatiche sono fisse e rigide come ghiaccio duro e freddo. Affermano di essere l'unica verità, negando le credenze di altre religioni. Conformare rigidamente le nostre convinzioni ai dogmi di qualsiasi religione blocca il nostro potenziale e lo relega all'interno del rigido blocco di ghiaccio di quella religione., Dobbiamo invece cercare di diventare come l'acqua:

illimitati nel nostro potenziale.

Oggi, troppi conflitti sono causati da persone rigide e mentale chiuse, che non hanno alcuna comprensione degli altri. Dovremmo sempre essere aperti e rispettare gli altri. Uno dei principali problemi sociali è la differenze nelle credenze tra persone che seguono religioni dogmatiche. A molte persone viene insegnato che se non credono in quella determinata divinità, andranno all'inferno. Questa è davvero una visione gretta e molto offensiva per le altre persone. So che molta gente crede nella libertà di religione, ma ci sono ancora persone fermamente convinte del fatto che chi non crede nella loro religione sarà dannato per l'eternità.

Ho cercato di scoprire il motivo per cui alcune religioni glorificano il suicidio come un atto di sacrificio alla divinità, e ho scoperto che tali religioni hanno insegnato ai propri credenti a vivere e morire per onorare la divinità sin dall'inizio della storia umana. Non sono sicuro che questo insegnamento sia la volontà di Dio. Se l'amore di Dio è incondizionato, l'insegnamento deve essere cambiato. Sono sicuro che la maggior parte dei genitori con queste credenze religiose vivono con la costante preoccupazione che i loro figli si tolgano la vita. Ho immaginato che Dio sia molto triste quando le persone si uccidono per Dio, così come i genitori biologici sarebbero affranti se i loro figli si uccidessero per compiacerli. Dobbiamo capire che Dio non è egoista come siamo noi. E nonostante gli esseri umani siano egoisti per natura, nessun genitore chiederebbe mai ai propri figli di vivere e morire per loro. Se l'amore di Dio è incondizionato, credo che il suo messaggio debba essere questo: "Figli miei, non vi ho assolutamente creato per la Mia gloria personale: vi ho creato perché conduciate delle vite felici. Non preoccupatevi per Me; semplicemente godetevi la vita amandovi l'un l'altro. E comunque non c'è niente che possiate fare per Me. Amare i vostri fratelli e le vostre sorelle, figli miei diletti, è l'unico modo in cui Mi possiate onorare."

Come disse Benjamin Franklin, "Il servizio più accettabile che possiamo prestarGli è fare del bene ai suoi altri figli."

"L'uomo è nato debole e delicato.
Alla morte, è duro e rigido.
Le piante verdi sono tenere e piene di linfa.
Quando muoiono, sono appassite e secche.
Pertanto, ciò che è rigido e inflessibile è discepolo della morte,
E ciò che è dolce e arrendevole è discepolo della vita."-- *Lao Tzu*

Mantenere una flessibilità mentale amplia anche la nostra capacità di trovare inaspettati momenti di apprendimento e di successo, e, se combinata con il tempismo, può permetterci di beneficiare anche della più improbabile delle occasioni o delle più inaspettate fonti di ispirazione. Per esempio, gli insegnanti di larghe vedute sono in grado di migliorare la loro capacità di insegnare imparando a loro volta dagli studenti che pongono domande inusuali o portano l'insegnante a riconsiderare un particolare approccio per risolvere un problema. Noi chiamiamo queste istanze “Momenti insegnabili”.

Un campione di arti marziali, allo stesso modo, deve mantenere una mente aperta al fine di continuare a crescere e progredire, soprattutto una volta diventato cintura nera, perché il fatto di aver finalmente raggiunto questo rango può diventare una scusa per l'autocompiacimento. Diventare cintura nera in un particolare stile di arti marziali è soltanto l'inizio di un viaggio continuo e perpetuo di apprendimento.

Il fatto che un individuo abbia ottenuto una cintura nera significa che ha dimostrato competenza nello sviluppo delle nozioni di base e nelle numerose estensioni di quelle nozioni di base. Come con gli studenti di qualsiasi altro rango, le cinture nere devono essere ricettive per le lezioni che le cinture nere più esperte possono somministrare loro, e rimanere aperti ai “Momenti insegnabili” che potrebbero verificarsi durante l’interazione con i propri pari o con studenti di livello inferiore.

Accediamo al nostro potenziale illimitato realizzando il principio dell'acqua e mantenendo o coltivando quell’apertura mentale che allarga i nostri orizzonti. Come disse Lao Tzu, una mente chiusa è principio di stagnazione e morte. Per essere campioni nella vita e nelle arti marziali, dobbiamo mantenere una flessibilità mentale e fisica al fine di mantenere le nostre menti e i nostri corpi giovani e vivaci.

7. Postura / onestà / integrità

Nelle arti marziali, la postura eretta dona una bellezza equilibrata all'arte. Questa bellezza è apprezzata non solo dai praticanti di arti marziali, ma anche dal pubblico in generale. Come lo standard di bellezza fisica (basato su simmetria e proporzioni relative) è generalmente universale, anche la bellezza intrinseca di una persona con una buona postura e un corretto allineamento è universale.

Il campione di arti marziali deve sviluppare una buona postura, che richiede buona flessibilità e persistenza al fine di allineare correttamente il corpo. Lo sviluppo di una buona postura nelle arti marziali ha valore estetico, ma ancora più importante, è essenziale per l'efficiente ed efficace applicazione delle tecniche (che si tratti di combattimento o di dimostrazioni pubbliche). Avere una cattiva postura ostacolerà e indebolirà la potenza e la velocità di un movimento, riducendo al minimo l'impatto.

Oltre ad essere vitale per i praticanti di arti marziali, una buona postura è anche di importanza chiave per diventare un campione nella vita. La postura è la manifestazione esteriore del carattere di una persona. Una postura allineata è espressione di una persona onesta e corretta, mentre una postura storta rappresenta carattere imperfetto. Non è un caso che si parli di "rettitudine" per indicare onestà. Dal punto di vista fisico, sviluppare una buona postura è fondamentale per mantenere il nostro fisico giovane. La postura, che sia allineata o curva, colpisce direttamente la salute della nostra colonna vertebrale; e questo potrebbe determinare la differenza tra un invecchiamento rapido e uno graduale e aggraziato. Se sviluppiamo un'abitudine a stare in piedi, seduti e sdraiati in allineamento con la nostra naturale curvatura spinale, la nostra colonna vertebrale rimarrà sana, e potremmo mantenere i nostri corpi in posizione verticale per gli anni a venire.

Come già menzionato, la posizione del nostro corpo ha un impatto sul nostro stato d'animo: quando chiedo al mio pubblico di rappresentare fisicamente la tristezza, i loro corpi si curvano, e quando chiedo loro di rappresentare la felicità, si mettono tutti in posizione verticale. Oltre a migliorare l'umore, una buona postura migliora la nostra condizione sociale e la nostra immagine.

Ho trascorso dieci anni di ricerche per cercare di inventare delle bretelle a correzione della colonna vertebrale.

Le posture dei bambini e ragazzi oggigiorno sono più ricurve rispetto agli anni passati a causa di come si siedono al computer.
Alcuni passano molte ore incollati al computer a giocare, altri per studio. Spero che un giorno tutti i governi metteranno in circolazione un qualche strumento di correzione della postura dei bambini e dei giovani, sulle cui spalle deve essere trasportato il futuro dei loro paesi.

Cerchiamo di riscoprire e mantenere una buona postura, non solo per la nostra salute, posizione sociale e aspetto fisico, ma anche come manifestazione della nostra disciplina mentale mentre sviluppiamo un carattere buono e onesto.

I Cinque Principi
e il Metodo FAAST/Dux Ryu

da Frank Dux

Le mie parole vengono spesso distorte. Sono grato per questa opportunità di spiegare come il mio metodo FASST sia coerente con i cinque principi del tutto.

Che cosa significa FAAST?

Focus: mentalità; sforzo concentrato; decisioni prese in anticipo; capacità di utilizzare la paura e decidere senza distrazione o esitazione su un corso d'azione (talmente bilanciata al punto di essere incrollabile di fronte ad avvenimenti travolgenti quali incidenti, morte, ecc.).

Azione: comportamento volontario o programmato, in opposizione a quello forzato. Essere proattivi anziché reattivi. Quegli atti definibili e osservabili che dimostrano un impegno (fisicamente coinvolgenti in un conflitto, non derivati dal panico ma dalla saggezza).

Abilità: caratteristiche individuali acquisite attraverso esperienza e formazione; le capacità fisiche che uno possiede, che possono essere velocità esplosiva, resistenza, condizionamento dei traumi, tempismo, reazione riflessiva e istintiva, limitazioni proattive o offensive, ecc.

Strategia: obiettivi a lungo termine; la capacità di sviluppare, creare, adeguare, percepire; elaborare un piano d'azione per raggiungere un obiettivo/risultato.

Tattiche: La cosiddetta "cassetta degli attrezzi" è la metodologia di individuazione e implemento dei mezzi per raggiungere particolari obiettivi immediati a breve termine. È la scienza dell'organizzazione e delle manovre in battaglia, per raggiungere un obiettivo limitato e immediato, così come l'utilizzo di una serie di manovre per difendere se stessi da un coltello o da un calcio frontale.

Una scienza per l'individuo/un approccio personalizzato

Utilizzando il metodo FAAST/Dux Ryu nel combattimento, si possono adattare e combinare tecniche apprese singolarmente; quelle che si addicono meglio a forze e debolezze dell'individuo. Al posto di reagire, uno agisce controllando il ritmo e la velocità di ogni azione di lotta a proprio favore. Il vantaggio può essere raggiunto attraverso una padronanza degli angoli di evasione e attacco, ovvero le leggi che governano il movimento dei piedi e i colpi.

In questo modo, si possono evitare insidie come quello di un uomo o una donna di 130 chili per un metro e mezzo di altezza che si sono iscritti ad una classe di tecniche marziali di autodifesa tradizionale e rigida, dove è previsto che l'individuo debba usare le stesse tecniche che usa il resto della classe, probabilmente per mantenere lo stile puro. Questo requisito ignora il fatto evidente che alcune persone siano fisicamente incapaci di utilizzare un determinato stile al massimo delle loro potenzialità. Per esempio, se l'unico metodo insegnato per difendersi da un attacco sia quello di tirare calci sopra la vita, basandosi sull'idea che la padronanza di calci sia il tema centrale dell'autodifesa, non va bene per qualsiasi praticante. Incapaci di ottimizzare le proprie piene capacità, a rigor di logica questi praticanti saranno sempre più vulnerabili e limitati di quanto sia necessario.

Nel caso del sistema FAAST/Dux Ryu, nonostante si insegni a padroneggiare i calci, il vasto repertorio di tecniche, la gamma di argomento e la flessibilità del sistema permetteranno anche al praticante obeso di scoprire e ottimizzare il proprio peso e le proprie misure in modo da poterli sfruttare. Ad esempio, il peso eccessivo diventa un vantaggio tattico quando il praticante è concentrato sulle tecniche di pugno, presa e soffocamento, in cui le sue dimensioni gli o le forniscono un vantaggio su di un aggressore di stazza inferiore.

L'opposto vale per le persone più piccole, che avrebbero ben poche possibilità di avere la meglio su qualcuno del doppio delle loro dimensioni usando solo tecniche di forza e mirate agli arti superiori. Tuttavia, la stazza inferiore può rendere eccezionalmente letali se si attaccano le estremità inferiori. Si può colpire facilmente l'arteria femorale, causando la morte persino di un gigante in pochi secondi.

L'allievo del sistema FAAST/Dux Ryu non è conforme al sistema, né deve abbandonare ciò che conosce o il sistema di arti marziali o tattiche difensive che segue. Il sistema FAAST/Dux Ryu è specificamente progettato per soddisfare le esigenze individuali del praticante e le sue abilità, e per renderlo pienamente consapevole non solo della vulnerabilità intrinseca che possiede ma di come stabilire, in una frazione di secondo, i punti di forza dei suoi aggressori; che sono poi i punti che devono essere evitati per poter prevalere.

In breve, FAAST/Dux Ryu è una raccolta di tutti i segreti dell'arte dei guerrieri. È l'amplificatore, lo steroide naturale, il catalizzatore per innescare e accendere lo spirito per complementare, accentuare ed espandere la spiritualità, la fisicità e le capacità mentali. Perciò, porta risultati misurabili di gran lunga superiori alle aspettative personali nel più breve tempo possibile.

Una scienza per tutti - una nuova metodologia

Il fatto che il sistema FAAST/Dux Ryu sia la raccolta dei segreti dell'arte dei guerrieri lo rende particolarmente adatto ad assistere il praticante di arti marziali già addestrato o il praticante di tattiche difensive che sta vivendo una fase di stallo nella propria crescita e nelle proprie prestazioni. Con la tecnologia d'avanguardia, le intuizioni e i segreti di FAAST/Dux Ryu, non si deve buttare via o abbandonare nessuno stile o conoscenza preliminare. È anzi vero esattamente l'opposto, in quanto tutti gli stili sono collegati in virtù della biomeccanica umana. Il concetto di FAAST/Dux Ryu si basa sull'integrazione e l'applicazione di leggi e principi che meglio fortificano ed insegnano ad applicare e integrare le esperienze e la formazione precedenti in un modo superiore, che ottimizzi lo stile del praticante.

FAAST è il prodotto di una vita di studio e un'esperienza unica e profonda. Il successo o il fallimento è basato esclusivamente sull'abilità dell'individuo di comprendere e utilizzare i segreti dell'arte dei guerrieri come è stata identificata e codificata da Hanshi Dux, leggenda delle arti marziali.

Mentre tattiche ed abilità variano da individuo a individuo sulla base dei fatti di cui sopra, è a causa di metodologia, materiali di formazione e tecnologie impiegati nel sistema FAAST/Dux Ryu che possono essere applicati le stesse regole empiriche e principi, cosa che unisce e collega tutti gli allievi allo stesso modo. Tuttavia, FAAST/Dux Ryu non si limita unicamente ad incorporare o basarsi su una serie di movimenti teorici o empiricamente definiti in e per se stessi come uno stile alternativo di arti marziali e di tattiche difensive.

Come abbiamo detto in precedenza, FAAST/Dux Ryu non manca di rivolgersi a mentalità e/o teoria coinvolte, soprattutto per quanto riguarda il livello di minaccia 4 o gli scontri letali. In genere, i due soggetti di uno spirito preparato e della teoria vengono abbandonati o non vengono incorporati da sistemi alternativi di formazione o tattica difensiva, abbandonando i loro studenti per le proprie strategie.

Un Focus sull'efficienza- Velocità e potenza esplosiva

Un altro fattore che distingue il metodo FAAST/Dux Ryu dai corsi di formazione tradizionale è il sistema di credenze che una combinazione predeterminata di movimenti riflessivi, pur aumentando l'istinto e il tempo di risposta, stabilisce dei limiti sulla flessibilità e adattabilità e rende prevedibili nel combattimento reale, e quindi vulnerabili agli attacchi. Il combattimento è sempre mutevole, e prende vita propria a seconda delle costrizioni ambientali e di una miriade di altre variabili. Queste variabili non possono essere anticipate da quelle tecniche collaudate e prestabilite di reazione che il praticante dovrebbe teoricamente utilizzare se attaccato.

Uno dei primi segreti dell'arte dei guerrieri è il seguente: “l'efficacia di un aggressore è determinata principalmente dalla sua capacità di prevedere le reazioni dell'avversario e contrattaccare utilizzando quelle reazioni a proprio vantaggio. Questo porta a risultati devastanti”. Quindi, potenza e velocità esplosiva si antepongono alla fluidità elaborata o alla forma stilizzata, prevedibile. L'efficienza e la ferocia (ovvero potenza e velocità esplosiva) sono i componenti principali che determinano ciò che è e non è utile secondo gli standard della FAAST/Dux Ryu, e costituiscono una prova ampiamente affermata del fatto che i segreti dell'arte dei guerrieri siano incredibilmente efficienti.

Per esempio, quando chi saltella qua e là brandendo una lama tenderebbe a sferrare un colpo di taglio, utilizzando la tecnica

FAAST/Dux Ryu di evasione degli angoli in relazione agli angoli d'attacco si riesce ad esercitare una spinta attraverso il movimento dei piedi ed a stabilire nel minor tempo possibile la distanza più breve che possa consentire di scongiurare qualsiasi attacco ed essere i primi a sferrare il primo, decisivo colpo mortale. Aumentare la resistenza spendendo meno energia, la velocità esplosiva e l'efficienza del movimento rendono il praticante FAAST/Dux Ryu in grado di fronteggiare più aggressori contemporaneamente. La capacità di reagire e sferrare un attacco letale consentono rapidamente al praticante di accorrere in aiuto dei compagni di squadra o di altri a rischio di essere sopraffatti, feriti o uccisi.

Spirito, mente e corpo: gli aspetti chiave di una persona

Un altro aspetto che differenzia FASST/Dux Ryu da altri stili e tecniche di arti marziali e di tattiche difensive nel modo in cui sono stati e vengono tuttora insegnati è che la filosofia di formazione FAAST/Dux Ryu è profondamente radicata nei segreti dell'arte dei guerrieri. Comincia identificando e poi sviluppando un programma di formazione che affronta i tre attributi caratteristici fondamentali di un guerriero: corpo, mente e spirito. Queste tre caratteristiche devono essere superiori a quelle di qualsiasi aggressore, principalmente se si deve neutralizzare una minaccia letale.

Le caratteristiche di corpo, mente e spirito sono le variabili essenziali che, se colpite, determineranno il risultato in qualsiasi forma di conflitto. È il mezzo attraverso il quale si può arrivare a gestire al meglio le avversità della vita quotidiana. Un'attenta analisi di corpo, mente e spirito è utile per esaminare l'aggressore e scoprire la sua vulnerabilità in relazione alla propria. Quindi, è necessario formulare una strategia adeguata e impiegare le tecniche appropriate per controllare la situazione e risolvere il conflitto in proprio favore. Questo è il metodo seguito dal praticante FAAST/Dux Ryu e dal cosiddetto "guerriero pacifico", che il grande stratega cinese Sun Tzu descrive come "la forma più elevata di guerriero".

La maggior parte dei sistemi di arti marziali e di tattiche difensive, quando affrontano questi tre attributi, professano il concetto di armonizzazione di mente, corpo e spirito, in questo preciso ordine: concetto lasciato generalmente aperto all'interpretazione. Nella filosofia FAAST/Dux Ryu, invece, l'ordine di questi attributi è invertito, in quanto antepone lo spirito al resto. La mente, che viene spesso confusa dall'inesperto con la mentalità, ma che in realtà rappresenta il corpo e le teorie di combattimento, è interpretata anche dalla maggioranza dei praticanti di arti marziali di oggi come un semplice riferimento alla propria fisicità, e non al potenziale o al modo in cui il loro carattere viene percepito dagli altri e da loro stessi.

Le tecniche per armonizzare spirito, mente e corpo hanno portato a risultati dimostrati, ma purtroppo non vengono insegnate nei dojo e sono al momento apparentemente perse a causa di circostanze che vanno al di là del controllo o della comprensione della maggior parte degli istruttori di arti marziali. Tuttavia, il metodo FAAST/Dux

Ryu incorpora i metodi antichi con alcuni metodi nuovi. A differenza di altri sistemi che sono stati diluiti per soddisfare le moderne esigenze commerciali e la domanda di gratificazione immediata da parte dei consumatori, o semplicemente per una questione di passare del tempo e di perdita di conoscenza nel passaggio da una generazione alla successiva, niente in FAAST/Dux Ryu non lascia nessun concetto o principio aperti a interpretazione, supposizione o cambiamento, come esemplificato dal modo in cui queste caratteristiche guerriere di corpo, mente e spirito sono definite in FAAST/Dux Ryu:

Spirito: la mentalità, il focus, l'abilità proattiva di utilizzare la paura e l'impegno a dedicarsi al conflitto al punto tale di essere incrollabili di fronte ad avversità schiaccianti.

Mente: gli aspetti teorici, la conoscenza di strategia e tattiche e la capacità di creare, adeguare, percepire e alterare un corso di azione per produrre un risultato desiderato.

Corpo: la velocità esplosiva e le capacità fisiche che uno possiede: velocità esplosiva, resistenza, condizionamento dei traumi, tempismo, reazione riflessiva e istintiva, limitazioni proattive o offensive, ecc.

Il corpo è l'essenza di una persona e ciò che egli proietta come membro della società, nel senso delle proprie realizzazioni a livello lavorativo (commerciante, artigiano, medico). È anche il modo in cui un individuo percepito dagli altri, quello che il samurai giapponese chiama "faccia".

Uno può essere l'avversario più veloce, più forte e più abile (corpo), ma senza la capacità di sviluppare la volontà corretta (spirito), o la capacità di sviluppare la teoria per determinare quando colpire e quando non farlo (mente), tutte le sue qualità sono vane.

Se poca o nessuna attenzione viene data allo sviluppo e alla valorizzazione dello spirito umano o della teoria (specialmente nell'ambito dei combattimenti letali) e uno si concentrano principalmente sulla fisicità (cioè come sferrare calci o pugni), diventa solo una questione di fortuna. Uno spirito vulnerabile e una mente indecisa (nessuna strategia) sono inclini a produrre risposte prevedibili e reazioni anziché azioni, cosa che negli scontri letali mette l'individuo in una posizione di estremo svantaggio, e che solitamente produce un altro risultato prevedibile: la morte.

"Mi sono allenato per tutta la vita e pensavo di aver visto e fatto praticamente tutto, dal Judo/Jujitsu, Jeet Kun Do, Ninjutsu, Kung Fu, ecc. Il primo seminario FAAST/Dux Ryu ha colpito profondamente me e tutti quelli che conosco che vi hanno partecipato in maniera che mai ha partecipato. Il sistema Dux, come dice lui stesso, non è teorico ma empirico. Comprende vere e proprie tattiche di combattimento di efficacia attestata e provata da risultati scientifici riproducibili, che creano principi nuovi e una nuova tecnologia biomeccanica che garantiscono risultati duraturi. Adottare questo sistema mi ha permesso di migliorare la mia prestazione quando ero arrivato ad un punto in cui pensavo di non poter più migliorare; e in maniera così significativa che, ora, maestri di arti marziali più anziani di me, con il doppio degli anni di esperienza nelle arti marziali, si rivolgono a me per chiedermi consigli di allenamento. In un'occasione, gli studenti di un noto maestro, vedendo il cambiamento travolgente che ero in grado di infondere nei miei studenti utilizzando FAAST, cominciarono a chiedere al loro maestro di cambiare il suo metodo di insegnamento! Il programma FAAST di Frank Dux è tutto ciò che un arte marziale dovrebbe essere".

Sensei Sky Benson

Nota: Sky Benson è un allievo di vecchia data di Frank Dux. È stato allievo di Gordon Richiusa quando Gordon ha lavorato per Hanshi Dux, ed è il webmaster del sito Web FAAST (FASST in inglese), www.fasstduxryu.com.

Salute, Guarigione e Recupero

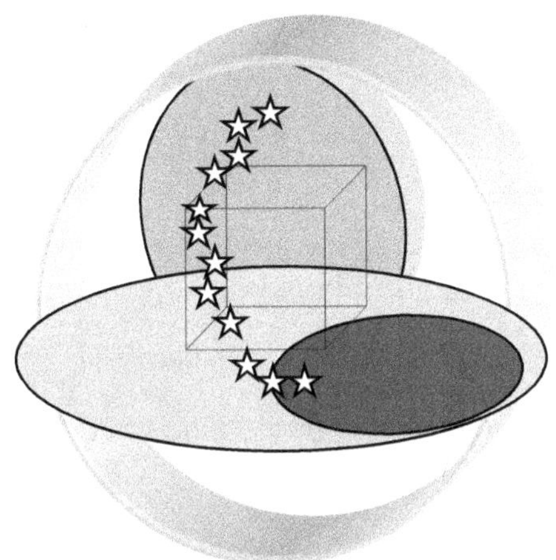

Di Maria Arvelo

Il compimento dei 30 anni è stato un punto cardine nella mia vita. Avevo allora completato 10 anni di studio metafisico, affrontando con successo le barriere e gli impedimenti che avevano ostacolato la realizzazione del mio progetto. Alla luce del mio successo, con un profondo senso di apprezzamento per la vita, per me stessa e la gioia che ne conseguiva, ero dotata di una conoscenza tutta nuova. La chiave della mia conoscenza era un segreto, un segreto che avevo tenuto per me durante tutta la mia vita. Avevo subito violenze sessuali. La paura, il terrore e quel senso di tradimento che non conoscevo e non capivo a cinque anni, ero finalmente in grado di tollerare da trentenne. L'acquisizione reale di questa conoscenza era ancora troppo difficile, nonostante la mia profonda comprensione di quasi tutto quello che sapevo esser vero. Come sentirsi catapultata da un universo di luce all'oscurità e alla mia stessa ombra. Molte delle mie scelte di vita passate avevano finalmente un senso, ed erano collegate in modo cosi chiaro da ciò che fino ad allora non potevo sapere. Aveva finalmente un senso la mia scelta di lavorare con bambini che erano stati feriti emotivamente, che incarnavano un passato ancora oscuro di me stessa.

Quando ho cominciato a lavorare con i bambini, ho conosciuto e collaborato con Gordon Richiusa. Mi convinsi, e credo ancora fermamente, che ciò che lega Gordon e me sia l' impegno nel facilitare la guarigione, l'apprendimento e la crescita di coloro che cercano quello che possiamo offrire. Gordon ha sempre giocato un ruolo unico nella mia vita. Lui “appare”, con provvidenziale tempistica, ogni qualvolta l'ombra è alla mia porta. Gordon è arrivato per la prima volta al compimento del mio 30° anno. Negli anni che seguirono ho iniziato il mio lungo viaggio per comprendere ciò che avevo sperimentato e ciò che avevo scoperto. Nella mia ricerca ho studiato gli insegnamenti tradizionali e non tradizionali, occidentali, orientali e quelli dei nativi americani. Per rimanere nel mercato optai per il percorso tradizionale occidentale e divenni un operatore sociale clinico autorizzato. In questo ruolo sono stata in grado di soddisfare il mio impegno come guaritore, ricercatore, artista e ho avuto il privilegio di testimoniare per coloro che mi invitavano a fare da faro nel loro viaggio. Questo ruolo d'onore ha arricchito il mio percorso, facilitando la mia ricerca, il mio apprendimento, crescita e guarigione. Se la mia storia o il mio "message in a bottle" parla per te, puoi contattarmi attraverso la Five Birds Publishing.

Quando Gordon mi ha chiesto di contribuire al progetto "Messaggi in bottiglia", mi sono sentita subito molto onorata ma poco dopo mi sono sentita insicura sulla mia abilità di catturare nella mia esperienza ciò che credevo essere abbastanza significativo da poter offrire agli altri. L'invito di Gordon è venuto in un momento quando, ancora una volta, la vita mi chiedeva di rivalutare i miei fondamenti. Il conforto che ho sentito in tale momento viene dalla consapevolezza del fatto che una vita al microscopio rivela a un tempo cose note e non. Ed è mantenendo questo paradosso ben in mente che offro oggi questa prospettiva.

La mia prima infanzia e le mie esperienze di vita successive mi hanno insegnato che la cosa migliore è abbracciare e valorizzare sia il "buono" che il "cattivo" della vita, del senso di sé e degli altri. Il corso della mia vita mi ha portato a padroneggiare il mio mondo interiore per poter essere presente nel nostro mondo condiviso; molte delle mie personali battaglie, minacce, pericoli e nemici apparenti che sono riuscita ad abbracciare e affrontare al fine di una risoluzione e accettazione nel mio regno interiore, hanno avuto risultati corrispondenti nel nostro regno condiviso.

Un riassunto di quello che credo e voglio condividere del mio viaggio è racchiuso nel significato della seguente frase: "***quando svettate al centro della luce sarete in grado di osservare la vostra ombra***".

Abbracciare la propria ombra, la luce e il buio, ha uno scopo e un merito ben precisi. Non appena si riesce ad abbracciare la propria ombra, l'accettazione porterà in dono l'apprezzamento di sé e degli altri, regalandoci un mezzo per porre fine a sofferenza, paura ed energia o azioni negative. Attraverso il varco della vostra ombra sarete in grado di vedere nuovamente la luce interiore e degli altri; è in questo apprezzamento di sé che si dissolve la sentenza, il grande separatore. Il fatto che la dualità si esprima in ogni aspetto della vita e del singolo richiede riconoscimento e ed equilibrio sia proprio che con la vita. Puntate ad apprezzare le lezioni che le circostanze vi hanno fornito, trovando come possa esservi utile ciò che è apparente indesiderato. Una volta accesa la consapevolezza, si cerca di capire e ci si impegna alla conoscenza di sé, delle proprie responsabilità e di ciò che si può creare. Esistono svariati percorsi e se il vostro è uno di autoconoscimento sperimenterete sfide, trionfi, incertezze, cambiamenti, stupori, amore e fiducia in sé e nella vita, così come la giusta dose di umorismo e ironia.

Nella mia vita Gordon mi ha spesso dato motivi per essergli riconoscente, e questo è di certo uno dei tanti. Lo ringrazio per avermi dato questa opportunità.

Nota: Il simbolo che si trova all'inizio di questo saggio è la rappresentazione artistica della sig.ra Arvelo dei temi espressi che ha poi espresso in parole. Maria Arvelo è una terapeuta autorizzata e lavora come assistente sociale nella contea di Ventura.

Nota: il seguente brano è tratto dall'originale, ***Go Tao Chi***, *di Gordon Richiusa*

Malattia e disturbo contro recupero e guarigione

Inevitabilmente, quando la gente comincia a trattare di verità universali, spesso la conversazione si sposta su questioni spirituali, facendo poi entrare in gioco gli argomenti di infortunio e malattia. "Come è possibile che lo Spirito ci permetta di ammalarci o farci del male?", qualcuno si chiederà.

Ho una spiegazione per questo, ma potrebbe essere il genere di risposta che molti di coloro che si pongono la domanda non vorrebbero sentire. Primariamente perché non credo che lo spirito, o qualunque altro termine scelto per denominare le meraviglie insondabili dell'ignoto, veda l'universo allo stesso modo degli esseri umani. Posso sbagliarmi, ma questa è la mia impressione.

Anche se credo davvero nell'esistenza di una consapevolezza superior (non riesco a concepire l'umanità come apice della consapevolezza), fatico a visualizzare degli enormi esseri umani seduti al di sopra di tutto e concentrati interamente su ciò che accade qui sul pianeta Terra.

Quando la gente dice che siamo stati creati a immagine di Dio, questo è per dire che siamo come ombre dello spirito creato a sua immagine, che abbiamo proprietà simili o siamo "essenzialmente come" l'inconoscibile, e che le leggi o le forze che guidano l'universo (o forse messe in moto dal creatore) sono uguali a quelle che tutti gli esseri senzienti, inclusi gli esseri umani, devono seguire. Non viceversa. Non è infatti possibile creare l'universo (o multi-verso) e le forze che lo guidano a nostra immagine.

All'interno di questo paradigma, credo che anche le leggi universali che seguiamo siano associate allo spirito. Ne consegue che i cinque principi del tutto regolano ogni consapevolezza, proprio come lo spirito ha creato cinque principi perché gli esseri umani seguano questi modelli o leggi.

Pertanto, sono costretto a concludere che lo spirito non abbia creato un'atmosfera di cattiva salute, infortunio o malattia. Dallo stesso paradigma, posso anche inferire che, quando ci si ammala o si ha un incidente, neanche questo sia parte di alcun piano, ma piuttosto soltanto un esempio del nostro essere umani e quindi imperfetti.

In altre parole, non possiamo incolpare nessuna versione di un essere superiore delle nostre disgrazie umane.

Se si vogliono applicare i principi del tutto, il principio del benessere deve esistere. Lo spirito ci vuole sani, in forma e con un buon fluire dell'energia del successo così come lui stesso vorrebbe essere sano, in forma e con energia fluente. È nostra responsabilità diventare consapevoli del nostro posto nel grande schema delle cose: non è responsabilità del Grande Creatore assicurarsi che nessun essere umano abbia preoccupazioni a livello umano. Imparare ad essere felice all'interno della propria condizione umana (per essere nel flusso di umanità) è nostra responsabilità. In altre parole, penso che qualsiasi Consapevolezza Superiore insegni principalmente attraverso l'esempio. Questa è la cornice in cui siamo stati creati. Inoltre, senza voler sembrare eccessivamente ottimista e new-age, credo che le avversità siano spesso il modo migliore per imparare alcune delle lezioni più importanti. Ho visto molti studenti fallire le mie lezioni e poi riprenderle semplicemente perché volevano riuscire in quella particolare esperienza, piuttosto che accontentarsi di passare in una classe diversa. Di solito, il giorno prima di una classe di scrittura, ad esempio, dico alla classe che le mie aspettative sono probabilmente superiori a ciò che loro avevano immaginato, ma che essi potranno per questo beneficiare dell'esperienza diventando scrittori ancora migliori.

I Cinque Uccelli e il Go Tao Chi sono entrambi rappresentati da ciò che molti, erroneamente, credono essere un simbolo yin-yang. La verità è che questo cerchio, metà bianco e metà nero, rappresenta una mezza luna. Questo simbolo è stato scelto per rappresentare la costante mutevolezza della condizione umana. Diciamo che ogni individuo è come una fase lunare. La luna piena rappresenta un'intensa energia. La luna nuova è misteriosa e insondabile. La mezza luna è un delicato equilibrio, rigido con aspetti di tutte le altre fasi ma brulicante di potenziale. Ricordate tuttavia che la luna non è mai in fase stagnante. È in continuo, sia sempre più brillante o meno luminosa. Siamo come la luna, a prescindere da quale fase ci assomigli di più, perché siamo in perpetuo cambiamento. Alla fine, la breve consapevolezza la nostra forza vitale sarà non solo legame per tutta la consapevolezza del nostro essere spirituale, mentale e fisico, ma sarà, in un certo senso, nutrimento della stessa in ognuna delle singole parti o fasi. Questo mi porta a dire qualche parola in più sulla digitopressione, massaggio e meditazione immobile in quanto direttamente correlati al concetto di Chi, ma che si trovano in una posizione completamente opposta rispetto alle arti marziali.

Ci sono fondamentalmente due modi diversi per meditare: attivo e passivo. Entrambi, a mio parere, hanno simili (se non identici) obiettivi ultimi. Tuttavia, il dibattito sulla possibilità che una forma sia superiore all'altra è sempre aperto. Un mio amico, un insegnante di meditazione Zen di nome John Harrison, (conosciuto come il Dragone

Blu) ha partecipato insieme a me a questa discussione per qualche tempo ed è a mio parere più qualificato per parlare dello Zazen o della meditazione seduta. Tuttavia, credo ci sia bisogno di dire qualche parola in più riguardo le diverse forme di arte che si occupano della manipolazione o solo dell'esperienza del Chi.

A tale proposito, vorrei discutere i cinque principi da una prospettiva di riabilitazione e recupero, in quanto queste sono le cose di cui ho esperienza diretta e sono state inoltre ampiamente trattate da John Harrison stesso (i cui commenti sono riportati alla fine di questa sezione). Nel 1982 ho avuto un infortunio grave che ha richiesto l'intervento chirurgico. Il mio medico all'epoca mi disse che avrei dovuto abbandonare le arti marziali, soprattutto i calci. Ad oggi, mi piace alzare la gamba davanti ad un pubblico e dire loro "il mio medico dice che non posso fare così."

Nel 2001 ho avuto due incidenti (un incidente d'auto e uno industriale, dove mi sono strappato il muscolo della spalla sollevando una scatola di libri). L'incidente d'auto ha danneggiato la mia colonna vertebrale e provocato una commozione cerebrale. Il secondo incidente ha colpito la mia spalla destra. Purtroppo, queste lesioni mi impedivano di stare in piedi su una gamba sola, di sollevare le braccia al di sopra della testa o di torcere il corpo (tutte competenze necessarie nella pratica di qualsiasi arte marziale). Per la prima volta nella mia vita, non ero in grado di praticare quelle arti che avevo sempre invocato necessarie a mantenersi in salute. O almeno, questo era ciò che pensavo.

Credo che le pratiche mediche, gli ambulatori moderni e i progressi farmaceutici siano tutti esempi di miracoli dell'epoca moderna. Possediamo da sempre una capacità sconfinata di padroneggiare il nostro corpo e la mente, e credo che il desiderio di essere sani e forti sia una chiara manifestazione del fatto che la nostra guida spirituale (in qualunque forma essa si manifesti, per ogni individuo) ci voglia sani e felici.

Da questo punto di vista, l'unico vero ruolo di qualunque medicina è quello di favorire un ritorno del Chi al suo flusso sano e normale quando per qualche motivo il flusso viene sviato o bloccato. Tutte le forme di manipolazione diretta del Chi (tra cui la meditazione, l'agopuntura o il massaggio) sono mirate allo stesso scopo di qualsiasi arte marziale, con differenze lievissime.

Le lesioni gravi che avevo riportato mi dimostrarono che avevo bisogno di imparare a seguire i miei consigli, ma in un modo diverso da quello a cui ero abituato. Ho dovuto imparare ad accettare percorsi multipli per arrivare allo stesso fine. Avevo imparato qualcosa di Chua Ka, una forma di massaggio che si concentra sulle articolazioni, e avuto qualche esperienza di agopuntura e tai chi da fonti quali Marshall Ho.
Il dolore alla mia colonna vertebrale e alla testa necessitavano misure drastiche, così mi sottoposi sei iniezioni epidurali che ebbero risultati temporanei. Avevo già provato fisioterapia, agopuntura e anche Go Tao

Chi, che avevano apportato miglioramenti limitati. Il dolore era troppo forte per riuscire a rilassarmi, e il rilassamento era proprio quello di cui avevo bisogno per ottenere il beneficio completo di queste terapie. Alla fine, mi resi conto che l'epidurale (o altri farmaci), agopuntura, massaggi e terapia fisica trattavano con il Chi e la guarigione da un punto di vista *esterno* . Ovvero, in quei momenti c'era una forza esterna che veniva applicata al mio corpo nel tentativo di riportare il flusso del Chi ad uno stato più naturale possibile. Con Go Tao Chi (o il tai chi o anche lo yoga), la manipolazione del Chi avviene internamente, ma il mio corpo non riusciva a trascendere il dolore fisico per consentire alla guarigione di verificarsi. Ho dovuto accettare la responsabilità che le mie scelte di guidare una macchina e far parte del concetto artificiale umano di "lavorare per vivere", avevano messo il mio corpo in circostanze che hanno poi portato alla lesione fisica. Non è stato Dio a ferirmi, ma scelte meschine, egoistiche, umane.

Dopo di che, ho imparato ad accettare l'aiuto d'ogni tipo e da tutte le fonti, per affrontare nuove condizioni che si erano venute a creare nella mia vita. Avevo anche bisogno di sviluppare una nuova prospettiva riguardo al successo. Ciò che una volta era un orizzonte facilmente raggiungibile sembrava diventato un obiettivo irrealizzabile. Con l'invecchiare, il mio corpo non avrebbe mai mantenuto gli stessi livelli di guarigione di cui era un tempo capace. Avevo bisogno di imparare ad essere grato per qualsiasi progresso e rendermi conto che essere grato era in realtà la più potente medicina che lo spirito mi aveva fornito.

È così che ho imparato il vero significato di umiltà e gratitudine. Ho imparato l'umiltà di un avvoltoio, qualcosa che avevo in fondo professando per molti anni. Vedete, l'avvoltoio è un uccello che vola più in alto di qualsiasi aquila, eppure fa il nido a terra. È anche un uccello che sa che l'unico modo per beneficiare pienamente dei suoi punti di forza e delle proprie debolezze è cooperare con altri uccelli. Per un avvoltoio da solo sarebbe impossibile bucare la carne della preda. Ecco perché vediamo gli avvoltoi girare sopra le loro prede: stanno segnalando agli altri avvoltoi di venire ad assistere e partecipare al pasto. Hanno bisogno l'uno dell'altro per separare la carne poiché i loro artigli non sono forti come quelli per esempio dell'aquila, e servono due uccelli per riuscire a strappare carne dalla preda.

Inoltre non storcono mai il naso: non vi è preda che sia troppo piccola o troppo vecchia per loro. Molti uccelli hanno preferenze per i pasti, e ci sono alcune specie di aquila, per esempio, che mangiano solo pesce vivo (falco pescatore), e queste preferenze spesso li mettono in pericolo. I falchi sono l'unico animale che uccide in volo. Il corvo è stato ammirato da un gruppo di nativi americani per il suo rimanere fermamente stanziale in un territorio che essi consideravano la propria casa. Interi stormi di corvi a volte potrebbero essere trovati congelati a morte in un albero preferito che si sono rifiutati di lasciare. Tuttavia, l'avvoltoio viaggia per grandi distanze, accettando con gratitudine qualsiasi regalo che è posto sul suo percorso.

Nel 1995 è stato creata un'organizzazione no-profit basata sui cinque principi. Si chiamava Redwood Recovery, il recupero della sequoia. Abbiamo dato lavoro a uomini e donne che si stavano riprendendo dalla dipendenza dalla droga e dall'alcool. Dovevano piantare alberi di sequoia e costruire passerelle che abbiamo denominato "segmenti sul percorso di recupero Redwood". A volte, nell'assegnare le piantagioni, gruppi di lavoratori organizzavano una dozzina di incontri diversi. Non scoraggiavamo questa attività. Tuttavia, il nostro scopo finale era quello di "avviare i processi di guarigione e di recupero da punto più positivo possibile." Quando un alcolista recuperato o tossicodipendente ritorna sul luogo dove ha piantato alberi di sequoia, può mostrarli con orgoglio ai propri cari e dire: "Questo è parte del mio percorso di recupero".

Tossicodipendenze e Consapevolezza: una Breve Descrizione.

(Ispirato ai cinque principi del tutto e la pratica della Gestalt per la consapevolezza)

di John Harrison

Come consulente nel campo del trattamento delle tossicodipendenze ho avuto a che fare con molte esperienze, discipline e metodi nel mio lavoro per servire i miei clienti. Le tossicodipendenze sono un flagello universale e sono certamente rafforzate nella nostra cultura occidentale dove possiamo ottenere qualsiasi cosa, in qualsiasi momento lo vogliamo! La straordinaria quantità di informazioni a cui siamo esposti ogni giorno, combinata con la sconcertante velocità con cui le riceviamo, può facilmente portare a perdere la consapevolezza del momento presente. Insieme alle nostre menti, il nostro corpo fisico può staccarsi da noi quando ci "attacchiamo" al computer, ai nostri smartphone, ai televisori e, naturalmente, alle varie sostanze di cui facciamo uso e abuso.

In questa epoca dove la nostra vita sembra accelerare, naturalmente anche il nostro stress sembra essere in aumento. Se aggiungiamo questo al fatto che i comportamenti di dipendenza abbiano generalmente un forte componente genetico, non c'è da stupirsi se così molti di noi sognano l'evasione e la fuga. Secondo la Substance Abuse and Mental Health Services Administration statunitense, un americano su otto soffre di comportamenti di dipendenza da droghe o alcool e costa alla società circa 250 miliardi di dollari l'anno.

Quando un individuo è coinvolto nel circolo vizioso della dipendenza, c'è spesso un'incapacità di accettare qualunque cosa si senta nel momento presente, e la mente si dirige costantemente verso la prossima *Difficoltà*. Nel momento presente, pensieri ed emozioni angoscianti possono essere percepiti come ospiti indesiderati di cui sembra impossibile liberarci. Nel nostro *contorto e inefficace* tentativo di evitare questo struggimento, in realtà finiamo per amplificare lo stress e le emozioni scomode come tristezza, frustrazione, irritazione, vergogna o senso di colpa. Spesso queste emozioni scomode ci metteranno in un tale stato di inconsapevolezza o "modalità automatica" da renderci inconsapevoli del nostro ambiente e più suscettibili a elementi scatenanti, voglie e brame.

Victor Frankl, rispettato psichiatra, sopravvissuto all'Olocausto e autore di "Man's Search for Meaning", una volta ha detto: "Tra uno stimolo e una reazione c'è uno spazio. In questo spazio si trova il nostro potere di scegliere la nostra reazione. Nella nostra reazione vi sono la nostra crescita e la nostra libertà".

C'è un modo per rallentare il tempo ed essere più consapevoli di quello spazio e di quella scelta? Se le nostre dipendenze hanno a che fare con alcol, droghe, cibo, sesso, gioco d'azzardo, shopping o altre abitudini dannose, i comportamenti di dipendenza sono spesso preceduti da qualche evento scatenante che innesca una raffica di pensieri, sentimenti e sensazioni di disagio, che conducono a voglie e brame di assumere comportamenti di dipendenza. Una parte importante del recupero sta nell'essere in grado di riconoscere i nostri motivi scatenanti e come le voglie e le brame si manifestino nel nostro corpo e nella nostra mente.

Non appena raggiungiamo questa consapevolezza, siamo tornati nel presente e abbiamo fatto un passo al di fuori del ciclo di reazioni automatiche che ci aveva schiavizzato. Il momento presente è davvero così vicino. Molte persone hanno riferito che il picco reale di una crisi d'astinenza è circa 20-30 minuti. Possiamo imparare a portare un occhio attento, curioso e imparziale per i sentimenti e pensieri nel vederli andare e venire.

Ci sono molti modi per portare il paziente a questo stato di consapevolezza che è chiamato *mindfulness* (o piena consapevolezza).

Con i miei pazienti uso un metodo molto semplice (ma non sempre facile) che sgorga dalla meravigliosa sinergia tra la meditazione Zen (zazen) e la pratica Gestalt per la consapevolezza...la *Consapevolezza applicata.*

Semplice pratica per la consapevolezza

Dopo averla imparata, è possibile applicarla ovunque o in qualsiasi momento in cui ne abbiate la possibilità. Può diventare una pratica permanente. Trovate un posto comodo per sedersi o sdraiarsi. Fate un respiro profondo e rilassatevi. Potete tenere gli occhi aperti, se preferite. Poi seguite queste istruzioni: diventate consapevoli della vostra esperienza, nel vostro senso di esistenza *qui e ora.* Diventate consapevoli del fatto che state vivendo questa esperienza, facendone parte, osservandola, o annoiandovi, *adesso*, nel presente. ***Decidete di prestare attenzione a tutte le vostre esperienze*** interne ed esterne, pensieri, nonché sensazioni, sul passato o sul futuro, speranze o desideri, pensieri d'ansia o che richiedono energia, quelli che si producono razionalmente e quelli che sembrano verificarsi spontaneamente. Di ognuna di queste esperienze, dite a voi stessi: "Ora sono consapevole di..."

È possibile iniziare in questo modo, dicendo a se stessi qualcosa come: "ora mi rendo conto che sto seduto qui. Ora mi rendo conto di voler fare questo esperimento di consapevolezza. Ora sono consapevole della mia esitazione, chiedendo a me stesso da dove iniziare. Ora sono consapevole di questo suono che proviene da fuori. Ora sto guardando fuori dalla finestra" e così via. Continuate in questo modo per un paio di minuti, osservando come si svolga la vostra consapevolezza del presente. Questa è una *pratica*: e deve essere, come qualsiasi altra abilità, ben praticata, cercando di perfezionarla o migliorarla. Diventa più efficace e familiare man mano che ci si addentra in essa.

Ho trovato questa pratica della consapevolezza imparziale del momento presente (o mindfulness) uno strumento efficace per aiutare i pazienti a mettersi in sintonia con i motivi scatenanti, le voglie e le brame per aiutare a rompere il ciclo di comportamenti di dipendenza. Naturalmente, questo è più facile a dirsi che a farsi. Quando si è alle prese con una dipendenza, è fin troppo facile passare alla modalità automatica con poca o nessuna consapevolezza di pensieri, sentimenti e sensazioni che possono portarci fuori equilibrio e conseguentemente alla ricaduta.

Qui ci sono tre cose a cui fare attenzione e su cui esercitare la nostra consapevolezza:

1) Sensazione dello stato del proprio corpo. Ci aiuta a essere consapevoli delle emozioni e di come si manifestano nel corpo.

2) Tipologia dei pensieri di dipendenza: trappole mentali comuni che sorgono in connessione con la sensazione dello stato del corpo (per esempio la negazione, l'incolpare e la razionalizzazione).

3) Interpretazioni negative: quando siamo intrappolati in un ciclo di dipendenza, siamo portati ad interpretare gli eventi nel peggiore dei modi, il che aiuta a portarci fuori equilibrio e a diventare più suscettibili

agli automatismi. Il trucco qui è semplicemente essere consapevoli di tutto questo quando ci si presenta, senza giudicarlo. Iniziate a notare come queste tre cose siano interconnesse. Provate a vedere se è possibile usare alcune di queste tecniche la prossima volta che avete un desiderio o una voglia di stare su Internet o di rispondere a un messaggio quando, in quello stesso momento, il vostro relax o una persona amata potrebbero essere più importanti o avere più bisogno di voi. Ogni volta che siamo in grado di utilizzare con successo la consapevolezza per domare l'astinenza nei nostri comportamenti di dipendenza, le nostre voglie diventavano meno frequenti e meno intense e siamo diventati più forti, più sicuri e più in controllo delle nostre vite.

La Competenza, gli Errori e il Processo di Apprendimento

di Ralph R. Villani

Il mio nome è Ralph R. Villani. Sono lo zio materno di Gordon Richiusa. Naturalmente, conosco Gordon da quando è nato. È per me un familiare prediletto e lo ammiro per il successo che ha raggiunto nella vita e per essere riuscito a diventare un erudito e ben noto educatore.

Gordon mi ha chiesto di leggere il suo ultimo progetto, "I cinque principi del tutto", e dare un mio commento. Ho letto anche il suo romanzo giallo pubblicato con il titolo inglese "Shidoshi - The Four Ways of the Corpse". Sebbene Gordon spieghi come il suo obiettivo dei Cinque Principi del Tutto era di insegnare a praticanti e se possibile anche a maestri di arti marziali, sono stato in grado di correlare questi suoi principi a tutte le esperienze che ho avuto nella mia vita di educatore, insegnante, aiuto preside di scuola superiore, preside di scuola elementare, aiuto sovrintendente, sovrintendente di quartiere, fiduciario di un collegio, membro eletto del Consiglio di amministrazione di CalRTA e membro della Los Angeles County Grand Jury.

Tra i principali successi che ho riscosso nel corso della mia vita ci sono l'essere stato eletto nel Consiglio di Amministrazione del Community College di Santa Monica, dal 1990 al 1994. Dopo essere andato in pensione da un distretto scolastico nel 1991 sono entrato a far parte della Associazione Californiana Docenti in Pensione (Cal/RTA). Divenni rapidamente un leader dell'organizzazione, e ora faccio parte del Consiglio di Amministrazione dello Stato. Subito dopo il mio pensionamento, fui nominato da un giudice della Corte superiore per servire un termine di un anno a tempo pieno nella Grand Jury della contea di Los Angeles. Ho un diploma e un master presso la University of Southern California così come un dottorato in gestione educativa all'Università del Colorado settentrionale.

Gordon e io abbiamo discusso la vera definizione di educatore. Gordon sostiene che, per essere un educatore di studenti, uno debba trattare direttamente con gli studenti. Io, al contrario, ritengo che la figura più straordinaria sia quella dell'amministratore, colui il quale motiva gli insegnanti al fine di migliorare l'educazione e che consapevolmente o inconsapevolmente applica con costanza i Cinque Principi del Tutto: consapevolezza, flusso, forma, beneficio e armonia.

Dopo essere andato in pensione, nel 1991, mi è stata offerta una posizione a tempo determinato in un distretto scolastico nel sud della California per coprire temporaneamente la posizione di preside elementare. È stata davvero una meravigliosa esperienza. Tuttavia, la scuola non stava andando bene. I risultati dei test erano inferiori alla media. Così, ho trascorso quasi tutto il mio tempo visitando aule, non per valutare gli insegnanti, ma solo per rendermi conto di quali potevano essere i problemi. Arrivai alla conclusione, dopo qualche settimana, che gli insegnanti non fossero realmente a conoscenza dei problemi, non stessero lavorando armoniosamente insieme, non avessero idea di come il lavorare insieme per migliorare gli studenti avrebbe potuto essere una soluzione.

Nelle settimane successive, ho tenuto diversi incontri con gli insegnanti. Abbiamo avuto una serie di discussioni aperte su come poter cambiare le cose. Ogni suggerimento è stato registrato. Abbiamo parlato di come tutti noi ci saremmo sentiti se i punteggi dei test fossero migliorati. Da quel momento, gli insegnanti hanno cominciato a lavorare insieme, come una squadra, e quando sono stati riportati i punteggi dei test successivi, si è registrato un miglioramento significativo. Tutto ciò di cui il personale aveva bisogno era qualcuno che li motivasse a fare ciò che essi stessi volevano fare per aiutare gli studenti a imparare. All'epoca non lo sapevo, ma i Cinque Principi del

Tutto stavano in quel momento guidando la crescita dello studente. Gli insegnanti vennero incontro alle esigenze del singolo studente, assumendosi la responsabilità dell'insegnamento, rendendo l'apprendimento interessante e lavorando insieme come una squadra.

Nota: I seguenti commenti sono spesso distribuiti, in diverse forme, ai nuovi studenti in ogni classe dove insegna Gordon Richiusa, indipendentemente dalla disciplina e soprattutto agli addetti al miglioramento dei piani di studio o agli insegnanti. Quello che troverete qui di seguito è solo una parte di quello che viene generalmente insegnato in una lezione. Questo frammento non fa parte dell'originale Go Tao Chi. Se si utilizzano queste parole nelle proprie classi, o scritti, per favore ci si accerti di stare citando la fonte correttamente.

Spunti di Riflessione

di

Gordon Richiusa

Sono stato un educatore professionale per più di 25 anni, insegnando a livello elementare, secondario e universitario. Ho trascorso 20 anni di lavoro come educatore nella prigione della contea di L.A. , lavorando a contatto con i detenuti su argomenti di scuola superiore e alla preparazione del diploma GED, così come amministratore d'esame e coordinatore del curriculum alla scuola per adulti Hacienda La Puente. Il mio livello di istruzione è Master in letteratura inglese. In precedenza ho lavorato in un centro residenziale con persone di tutte le età, compreso un ruolo temporaneo come insegnante di liceo in una di queste strutture.

Quando dico che sono stato un educatore professionale, so che esistono alcuni che non sono insegnanti e credono comunque di essere anch'essi educatori. Queste persone sembrano congetturare che essere impegnati in ogni aspetto del *business* dell'educazione, significhi essere educatori. Per dirla senza mezzi termini, basandoci sui Cinque Principi del Tutto, semplicemente non è così. Per il bene di un accordo semantico, solo coloro che sono in prima linea, attivamente impegnati quotidianamente con gli studenti (per esempio insegnanti, consiglieri, bibliotecari, tutor) o gli studenti stessi, che perseguono la conoscenza in generale o una conoscenza in particolare, possono chiamare se stessi educatori. In altre parole, solo le persone il cui obiettivo primario è l'educazione sono davvero educatori.

Così ritengo sia meglio chiarire qui che la maggior parte degli amministratori, i membri del Consiglio, custodi e la maggior parte degli impiegati (anche se impiegati nei campi di supporto delle istituzioni educative) non sono educatori, proprio come i ragazzi che vendono hot dog in un campo da baseball non sono giocatori di baseball, o dirigenti di hot dog, ma dovrebbero piuttosto essere fieri del loro ruolo di fornitori impegnati nel settore dei servizi.

Anche i politici, indipendentemente dal loro titolo o da quanto strettamente controllino i finanziamenti all'istruzione, non possono essere considerati educatori, a meno che non abbiano una classe e programma scolastico o siano studenti in una classe con programma scolastico su una determinata materia.

Come al solito, "le parole, la loro denotazione e la loro connotazione" sono un argomento molto importante per me. Per questo vorrei qui distinguere due ulteriori parole: *Zen* e *Tao*. Nessuno di questi è una religione a sé stante. Il taoismo è la convinzione che l'universo funzioni secondo principi e regole definite e che il "perché" di una condotta di comportamento sia più importante del "chi, cosa o quando". Lo Zen, d'altro canto, definisce generalmente un metodo particolare per il raggiungimento di un certo *fine* (ad esempio l'illuminazione), anche se tale *fine* (o obiettivo) è spesso vago e mutevole. Lo Zen è associato solitamente con il Buddismo, ma non solo ad esso.

Con questo, esaminiamo l'obiettivo di oggi. Mi piace riuscire a ridurre tutto alle parti essenziali, utilizzando i cinque principi, che sono sia punto di partenza che obiettivo finale. Queste "dichiarazioni in essenza" possono avere molti nomi. Io le chiamo Concept Training o "recensioni in capsula".

L'atto di incapsulare il significato, per quanto rischioso, è parte essenziale delle caratteristiche distintive che riassumono il principio correlato e di come questo si riferisca a ciò che stiamo cercando di realizzare.

Per esempio, i concetti essenziali del commercio, del business, sono probabilmente 1) domanda e offerta e 2) profitto/perdita. Le parti essenziali della scrittura, dell'oratoria o della lettura sono: 1) comunicazione e 2) pubblico. La conoscenza essenziale per il nuoto sono: 1) galleggiabilità e 2) fisica newtoniana. Le parti essenziali del governare sono: 1) sicurezza e 2) cooperazione.

È possibile trasformare qualsiasi di questi in una meditazione, ma per farlo dobbiamo essere certi che tutti i cinque principi siano presi in considerazione, e, ancora più importante, che non vengano violati. In questo modo possiamo elevare quello che stiamo facendo (sperando di riuscire a coinvolgere mente, corpo e spirito) a una nuova dimensione. In altre parole,le nostre riflessioni circa una disciplina, le nostre azioni legate ad essa e la prospettiva con la quale ci approcciamo a questa relazione, così come l'essere un insegnante o uno studente può consentire di diventare un vero educatore, può elevare qualcosa di estremamente mondano a sublime. Ogni cosa può diventare una meditazione.

Ai miei studenti, do queste informazioni il primo giorno di lezione, così che possano iniziare a capire da dove vengo e dove voglio arrivare.

Un Atteggiamento Positivo

di Renée Baribeau / Lo Sciamano Pratico

Salve, il mio nome è Renee Baribeau; oggi è il 10 gennaio 2012. Sono conosciuta come lo sciamano pratico e il mio ruolo come sciamano è quella di difesa del nostro villaggio globale, di portare la pace nel nostro mondo attraverso la guarigione di una singola persona alla volta. Mi è stato chiesto qui di offrire un messaggio rivelazione a qualcuno che lo troverà tra cinque decenni. Cosa mi preme di più che sappiano?

Innanzitutto, dobbiamo tutti vivere la nostra vita confidando nel futuro, facendo in modo di sostenere le risorse della terra per i nostri figli e tutti gli altri esseri viventi. Non importa quando questo messaggio verrà trovato, i bambini rimarranno per sempre la nostra eredità.

Nata nel periodo della grande espansione demografica, sono cresciuta in una generazione in cui ruoli parentali stavano radicalmente cambiando, e nel bel mezzo di una monumentale rivoluzione consumistica. Le donne hanno iniziato a lasciare i figli a casa per entrare a far parte della forza lavoro, e la concezione tradizionale di nucleo familiare è stato scossa per sempre nella sua essenza. La mia infanzia è stata interrotta quando mi sono dovuta assumere la responsabilità di prendermi cura dei miei fratelli minori. Non solo non ero in grado di giocare liberamente come i miei predecessori, ma, mentre incustodita, sono stata anche vittima di abusi. Conseguentemente, una delle passioni della mia vita è stato guarire tali ferite, mie e di innumerevoli altre vittime. È importante ricordare che, da che mondo è mondo, i bambini hanno bisogno di tempo per giocare in un ambiente sicuro, educativo e con modelli adulti amorevoli.

Non vi lasciate ingannare: non importa quali cambi possano avvenire su questa terra, un'ottimistica consapevolezza fa la differenza. Il nostro impegno e la responsabilità nei confronti di tutti gli esseri viventi a cui diamo in eredità questo pianeta è la chiave. Nell'infanzia della mia generazione, non è stato minimamente considerato educare i giovani ad essere custodi consapevoli del loro mondo. Il pendolo dell'attenzione si è spostato verso l'estremo opposto, e ancora una volta i genitori si sono concentrati coscientemente sulla loro progenie.

Attualmente, nel 2012, gli individui stanno prendendo coscienza e stanno ricominciando e esplorare le vie di una connessione con il pianeta e le altre persone che era oramai perduta. I nostri bambini sono più coscienti. Dobbiamo impegnarci a restituire l'arte perduta di fare musica e dell'espressione creativa nelle nostre scuole al fine di perpetuare questo risveglio.

Mi sono anche resa conto che è necessario fermarsi a osservare e analizzare quello che stiamo facendo. Siamo così pronti a puntare il dito verso ciò che dobbiamo cambiare. Credo sinceramente che sia almeno altrettanto importante capire cosa stiamo facendo. Sì, noi abbiamo devastato questa terra. Ma in questo momento siamo focalizzati su come aiutare i nostri figli a prosperare. Stiamo lavorando attivamente alla creazione di comunità, alla costruzione di giardini e invertendo la direzione di un processo che è partito con la rivoluzione industriale, cercando di tornare al tempo in cui vi era ancora coscienza dell'importanza del nostro pianeta e della coltivazione della terra.

C'è un movimento monumentale proprio qui, nella mia vita, per tornare alle cose semplici. Per anni, ogni volta che dicevo qualcosa d'importante pensavo alla mia popolarità e alla persona che sarei diventata. Ora mi rendo conto che non è importante ai fini di ciò che io sono; la persona che siamo dipende da come riusciamo a vivere in equilibrio con la terra, con noi stessi e all'interno della propria comunità. L'essenza di ciò che sono arrivata a conoscere è espressa nel modo in cui io vivo la mia vita oggi. Oggi vivo nella gioia delle cose semplici. È difficile concepire il lungo viaggio che ho dovuto intraprendere per tornare al semplice concetto che fare nulla equivale a fare tutto. Quindi, per oggi, potrei non fare altro che strappare erbacce nel mio giardino: e mi basterebbe questo, né più né meno.

Mi ci è voluto molto tempo per capire il bisogno di riunire un gruppo di praticanti olistici per capire veramente che i nostri medici e gli avvocati sono il nucleo della parte di società con cui vogliamo realmente fare affari. Di conseguenza, sei anni fa ho cominciato a costruire una rete olistica, ad oggi in continua crescita. E così facendo, mi sono resa conto che stavamo solo predicando al coro. Ho capito che in questo momento e spazio noi tutti siamo arrivati al varco insieme, e che non importa chi siamo o cosa stiamo facendo, stiamo partecipando al risveglio. Dopo duemila anni di vita nel buio, noi stiamo prendendo coscienza di chi siamo veramente. Quello che trovo particolarmente ironico è che chi siamo veramente ora non è poi così diverso da chi eravamo duemila anni fa, quando le cose che contavano per noi erano le nostre famiglie, le nostre comunità e il nostro servizio alla terra.

Quindi, se state leggendo questo messaggio tra duecento anni, o anche duemila anni da oggi, e avete qualche modo di tradurre questo messaggio nella vostra vita, voglio solo porgervi una domanda: che cosa state facendo di giusto?

Interazione umana naturale e valori chiave

di Gordon Richiusa

Alcuni monaci buddisti stanziati ai piedi del Monte Fuji, in Giappone, trovano nel naturale atto della corsa il modo più semplice per raggiungere uno stato meditativo, per gli individui di sana costituzione. Tutti i giorni, presso il monastero, i devoti percorrono correndo, o camminando, la distanza di una maratona. La mattina corrono fino in cima alla montagna. Poi, la sera, corrono giù per la collina fino al loro tempio.

Ho usato abitualmente passeggiate, trekking e arrampicata come metodi per trasporre l'attenzione di uno studente da loro stessi ai cinque principi.

Nei primi anni ottanta stavo imparando da un gruppo noto come Four Directions (quattro direzioni), che aveva come mentore uno sciamano portatore di pipa dei Lakota Sioux, Ernie Longwalker. Attraverso quel gruppo ho partecipato al sacro rito di purificazione o cerimonia inipi, e mi fu permesso di assistere a una serie di cerimonie nella riserva Navaho in Arizona, dove ho assistito (tra le altre cose) a una danza del sole del famoso Leonard Crow Dog.

Prima della danza del sole, c'era una corsa indiana di dieci chilometri per la quale molti giovani si stavano preparando a partecipare. Questo particolare evento aveva come ulteriore attrazione la partecipazione della tribù Taramara del Messico meridionale. Questa tribù di nativi, ben noti per la capacità di coprire lunghe distanze, aveva inviato alcuni uomini giovani e uno o due dei suoi anziani per mostrare il sostegno all'evento. Eravamo seduti in cerchio, la notte prima della corsa dei dieci chilometri, quando ho deciso di provare a fare conversazione con un anziano che sembrava essere sull'ottantina. “È ancora in grado di correre per lunghe distanze?”, ho chiesto.

Con l’aiuto di un interprete, l’anziano ha dato questa risposta: “ora sono molto vecchio e non corro come prima. Al momento, sono in grado di correre oggi, domani e parte del giorno successivo...ma nulla di più.”

Oltre ad essere molto divertente nel suo modo tipicamente aborigeno, questo commento mi è servito per capire come le diverse culture possano vedere le stesse attività da prospettive molto diverse. Per il vecchio Taramaru, l'esecuzione era semplicemente parte della propria vita. Quando si diventa vecchi, rallentiamo le nostre attività.; ma si smette del tutto di fare qualunque cosa ci tenga vivi solo nel momento in cui si muore. La corsa, o qualsiasi altra attività che si ritenga sana, dovrebbe essere considerata un beneficio, e non un esercizio, per tutta la vita. Andando avanti con gli anni, dovrebbe solo modificarsi di conseguenza, non essere abbandonata.

All'interno di qualsiasi categoria o disciplina, si svilupperanno una gerarchia e un’ulteriore irrregimentazione di abilità. Per esempio, mi è sempre piaciuto correre sulle creste delle montagne. Sentivo che questa era la forma più raffinata di corsa. Correre sulle creste dei monti mi ha permesso massimo accesso alla consapevolezza dei cinque principi, perché mi ha costretto a una maggiore consapevolezza. Correre sul crinale, su di un sentiero che si staglia letteralmente al di sopra di montagne o colline, mi ha permesso di concentrare tutta la mia attenzione sul sentiero di fronte a me, sull'orizzonte sopra il sentiero e sull'anomalia percettiva su entrambi i lati della strada, dovuta allo strapiombo. Come con il tiro con l'arco, ho potuto "ottenere quello stato quasi ipnotico" molto rapidamente perché sono stato costretto a prestare attenzione ai dettagli, riuscendo allo stesso tempo ad espandere la mia consapevolezza e a vedere il grande schema delle cose.

La corsa su sentieri, piste, lo sci di fondo, le escursioni, le passeggiate, il trekking sono tutti i livelli di una naturale capacità (e volontà) che sembra accomunare tutti gli esseri umani. Tutto il resto è solo un altro esempio della nostra tendenza a trasformare ogni cosa in una fonte di socializzazione o di conflitto.

Piuttosto che soffermarsi su questo punto, diciamo che i sistemi "migliori", per quanto riguarda la corsa o altre attività, sembrano essere quelle che non richiedono attrezzature extra o circostanze al di là di ciò che è naturalmente o facilmente accessibile (tenendo conto di variazioni in abilità e limiti fisici, mentali o emotivi).

Ho ricoperto molti ruoli nella mia vita: insegnante, ricercatore accademico, scrittore, motivatore. Tutti i diversi ruoli hanno una relazione con gli altri. Tutte le mie attività sono state modificate dalle circostanze della vita. Non corro più sulle creste delle montagne, ma faccio ancora percorsi da un punto A a un punto B (solitamente su una superficie molto piana e a passo non molto svelto, anche se io la chiamo ancora corsa) con lo stesso livello di intensità. Mi capita di trottare lungo una spiaggia con la bassa marea un giorno e il giorno successivo percorrere lo stesso tratto con l'alta marea. Entrambe queste esperienze, anche se simili, sono molto diverse, in quanto stimolano l'uso di muscoli diversi e offrono benefici diversi. Questa volontà di plasmare volutamente ogni lezione ed esperienza, osservando le situazioni sotto diverse angolazioni e apprezzandone la morale è stata la mia salvezza.

Durante gli anni trascorsi ad insegnare arti marziali assiduamente, ho creato un'organizzazione non-profit chiamata Redwood Recovery. Questo gruppo ha dato posti di lavoro a persone in fase di recupero, principalmente da droga e alcol. Le attività erano incentrate sul piantare alberi di redwood (sequoia) in tutta la California. Queste attività erano retribuite, il che rendeva il progetto qualcosa di diverso da ciò che fino ad allora si era cercato di realizzare. In ogni luogo dove abbiamo piantato alberi di sequoia, di molte specie diverse, abbiamo costruito un sentiero e posto delle placche a designare l'area come parte del nostro percorso di recupero.

Molti degli esami per la mia cintura nera, o test di altro livello, sono stati condotti in zone selvagge affinché noi potessimo mettere alla prova la resistenza di uno studente e le sue abilità allo stesso tempo. Naturalmente, ho finito per sponsorizzare in rete questa mia passione e ho iniziato a pubblicare luogo e ora degli eventi che avrebbero avuto luogo. Ho chiamato l'evento QUESTA NON È UNA GARA. La metafora ad ampio raggio è stata questa: la vita non è una gara. Ci incontriamo tutti lungo le stesse vie. Alcuni stanno percorrendo questi sentieri per sanare vecchie ferite e altri per altre ragioni. Abbiamo dato un certificato a coloro che si sono presentati alla linea di partenza. Non c'era nessun'altra meta da raggiungere, oltre alla linea di partenza, per ottenere un certificato. Non esisteva nessun percorso stabilito, tranne quello che ogni singolo gruppo, per vari motivi, avesse voluto stabilire.

Il mio infortunio mi ha costretto a vedere tutto da una prospettiva diversa. Quando ho imparato per la prima volta il Tai Chi e una forma di massaggio chiamato Chua Ka, non mi ero reso conto di quanto la prospettiva fosse importante nell'applicazione della consapevolezza. Ho bisogno di cogliere questa occasione e spendere un momento per ringraziare tutti i massaggiatori di talento e agopuntori che mi hanno aiutato a superare l'infortunio e il dolore cronico con il dono del loro tocco.

Leggendo il titolo di questa sezione, probabilmente non immaginavate che avrei parlato di massaggio. Tuttavia, ora che lo sto facendo, può essere che abbia suscitato il vostro interesse. Molte persone amano sia ottenere un massaggio sia sentire di avere un dono speciale da dare agli altri. Potreste trovare interessante come in entrambi i casi, da entrambe le estremità dello spettro, il massaggio possa essere considerato una forma di meditazione. La ragione di questo è che il massaggio, come la corsa, il tai chi, lo yoga, o la meditazione seduta o la preghiera, o anche il solo stare seduti a pensare sono tutte attività che derivano dalle nostre naturali tendenze umane.

Il Tai Chi è una forma di arti marziali cinese, che facilita uno stato meditativo, compiuto attraverso l'esecuzione di determinati movimenti, spesso in un ordine particolare. Come con le posture dello yoga, non c'è bisogno di attrezzature speciali o di un partner per praticare il tai chi.

(Nota: È generalmente considerato inappropriato auto-definirsi maestri di tai chi, poiché questa è una forma di esercizio molto personale e non non c'è nessun tipo di gerarchia associata a questa pratica.)

Inoltre, vorrei sottolineare che questo libro non supporta o si oppone a qualsiasi movimento religioso in particolare. Tuttavia, se avete letto il libro Go Tao Chi, i cinque principi di chi, allora sapete che mentre sono contrario alla pratica religiosa, in generale, condivido pienamente qualsiasi religione, pratica meditativa o forma d'arte che porti l'individuo a una maggiore comprensione del loro posto positivo nel mondo. Inoltre, i principi e le tecniche espresse qui possono essere applicati a qualsiasi sistema di credenze spirituali o religiose. In altre parole, bisogna fare una distinzione tra il concetto di "spirituale" e "religioso". Non sono buddista, cristiano, ateo, sionista, musulmano o Warlock (ecc.). Tuttavia credo fortemente che la consapevolezza del nostro sé spirituale, in qualunque modo questa venga raggiunta, è essenziale per la vera felicità. Se questo significa che una persona abbraccia completamente una prospettiva religiosa, allora dico "ottimo!"

Semplicemente mettiamoci d'accordo qui, che il massaggio può essere il veicolo attraverso il quale può essere raggiunto un elevato stato di coscienza che è naturale e sfrutta anche i nostri desideri per un contatto umano come parte del beneficio. Per me, un completamente elevato stato di consapevolezza è raggiunto più facilmente solo quando si è completamente focalizzati e completamente aperti allo stesso tempo.

Specifiche tecniche per raggiungere questo stato vengono insegnate in molte classi di arti marziali. Per avanzare rapidamente nella discussione su questo argomento, ho introdotto una tecnica di allenamento nelle mie lezioni. Riempio fino a cinque borse di fagioli con oggetti di vari pesi e dimensioni in modo che abbiano simile aspetto. Per esempio, in uno ho circa tre chili di pallini d'acciaio insieme a veri fagioli. In un altro ho una sorta di materiale da imballaggio (oggi uso stoffa o eco-pelliccia) o sfere di legno di grandi dimensioni (fino a un pollice di diametro). In ogni caso il "suono" e l'aspetto delle borse sono il più possibile simili tra loro. Lo svolgimento del gioco è quello di lanciare e prendere le borse, con entrambe le mani. Si gioca con almeno un partner (ho avuto addirittura venti borse per un gruppo di oltre venti persone) e i partecipanti si scambiano le borse facendole volare rapidamente. Bisogna imparare a lanciare con precisione con ogni mano e anche ad afferrare con entrambe le mani. E qui arriva il difficile: bisogna lanciare e afferrare ogni sacchetto in modo diverso. Dopo aver convinto una persona che questo è possibile, pongo sempre la domanda: dal momento che si sta afferrando ogni sacchetto in modo diverso, quando si riesce a determinare come fare a svolgere questo compito e mantenere ancora i tiri precisi? Questa domanda costringe il partecipante a capire il concetto di "espandere e concentrare la nostra consapevolezza allo stesso tempo".

Quando durante un massaggio si raggiunge uno stato elevato, il paziente dice spesso di avere la percezione che qualcosa di indefinibile abbia avuto luogo. Ho sentito dire di certi terapeuti, "Semplicemente lo/la adoro. Non mi sono mai sentito così bene".

Se siete terapeuti fisici o del massaggio, saprete che ci sono volte in cui "davvero senti di esserti messo in connessione" con un cliente. Credo che essere un buon massaggiatore/terapeuta sia una vocazione che scaturisce dalla più semplice comprensione umana. Quando una parte del corpo fa male, la strofiniamo. Quando la strofiniamo, il dolore si attenua. Sia la persona che fa questo sfregamento che la persona che viene strofinata sentono una connessione con l'origine fondamentale della bontà e della potenza che è al centro dell'universo. In altre parole, se fatto con spirito corretto, il massaggio, la terapia o qualsiasi interazione salutare può essere una forma di meditazione così come qualsiasi danza o movimento possono essere rafforzati da uno sforzo coordinato.

<u>Sistema del corpo/La trinità del Chi</u>

Tutte le forme di medicina, sia orientali che occidentali, trattano il corpo come unità di vari sistemi. Abbiamo per esempio i sistemi scheletrici, muscolari, vascolari, nervosi e digestivi. La differenza (se vogliamo così chiamarla) è che il modo orientale di guardare le cose presuppone un sistema sovrapposto, che riflette e reagisce in tutti gli altri sistemi. Questo è il sistema di Chi, o energia/spirito da cui tutti gli altri sistemi fluiscono. La medicina orientale è legata alla filosofia orientale in questo senso, ma l'esistenza di "più livelli di realtà" è spesso accettata come dato di fatto dalle più complicate credenze scientifiche e spirituali.

Oggi sentiamo parlare di unità di mente, corpo e spirito, come se questi tre aspetti di noi stessi fossero in qualche modo separati o come un concetto nuovo o dominio esclusivo di un sistema di credenze particolare. La verità è che se si rimuove qualsiasi linea da un triangolo, il triangolo non esiste più. Molte culture e credenze sono fondate sulla comprensione di questa Trinità (dal buddismo Zen al cristianesimo).

In materia di istruzione, è ben noto che la gente impari (e insegni) meglio attraverso uno o più "modalità": visiva, uditiva e tattile. In altre parole, ad alcune persone piace che le cose vengano mostrate, ad altri piace ascoltare spiegazioni, mentre altri ancora preferiscono immergercisi con entrambe le mani.

Nel massaggio, sappiamo che l'aggiunta di musica soft e determinate fragranze migliorerà l'esperienza per alcune persone. Infatti, qualsiasi terapista di massaggio professionale ha sperimentato clienti che possono essere tesi al tocco di una mano. La musica o una parola calmante del terapeuta sono necessarie per sfondare la barriera di resistenza che le persone possono avere costruito intorno a se stessi. Gli insegnanti imparano ad insegnare la stessa lezione in una varietà di modi, mentre i massaggiatori devono rispondere alle esigenze dei clienti attraverso le stesse modalità.

Allo stesso tempo, ci sono numerosi metodi, tecniche e scuole di pensiero sul modo migliore per instaurare un contatto con il cliente. Di solito, c'è almeno un'accettazione dei vari livelli di consapevolezza in cui le nostre azioni si influenzano a vicenda. Ho sentito dire, per esempio, che un terapeuta deve "sentire l'amore" per il paziente. Ci sono alcune forme accettate di meditazione che infatti richiedono l'interazione tra due persone (il Kata Sutra ne è un famoso esempio).

In un'altra sezione di questo libro impareremo le basi del Ka Chua, che è una forma di massaggio di un guerriero mongolo che si concentra sul sistema scheletrico e che si faceva solitamente a coppie o in gruppi prima di una battaglia.

Ci sono altre tecniche di massaggio che riguardano principalmente i muscoli, le ghiandole o i chakra, i punti di pressione o i meridiani. Indipendentemente dal punto di orientamento, o le tecniche in uso, il massaggio può essere un'esperienza meditativa sia per il paziente che per la persona che dà il massaggio. Per ottenere risultati ottimali, mente, corpo e spirito devono essere in perfetta armonia.

La manipolazione del Chi

Basandoci su un accordo sui concetti base espressi nei primi due capitoli, arriviamo ad un punto in cui definiamo che cos'è che tutte le forme delle arti curative hanno in comune. Che si tratti di Tai Chi, Yoga, agopuntura, digitopressione, chiropratica o massaggio terapia, medicina occidentale o orientale, ogni "arte" o "scienza" in genere tenta di manipolare uno o più sistemi, e quindi, secondo le nostre definizioni, tenta di manipolare il Chi. le differenze sono nell'orientamento e nel punto di partenza.

Ancora una volta siamo costretti a utilizzare termini comuni per sostenere i nostri argomenti. In questo caso le prospettive fondamentali sono note come "interno" o "soft" e il suo contrario "esterno" o "duro". In ogni caso, sia che un praticante spari frecce, usi una spada, dia pugni o calci, lanci palle o boomerang, porti avanti un business, cavalchi un'onda o ne guardi uno, stia seduto in diverse pose sotto un albero di banyan, scriva un paragrafo, saggio o poesia, risolva un'equazione o dia un massaggio, semplicemente sta trovando modi per diventare consapevole dell'energia universale (spirito), utilizzando un coordinamento della propria tecnica (mente) e della propria essenza fisica (corpo).

Ricordo anche che questi termini (come tutti gli altri in questo libro) sono solo modi che usiamo per discutere i concetti. Il solo vero valore di ogni concetto è nell'esperienza di esso. Pertanto, l'unico modo per trarre beneficio da ciò che è scritto qui è di viverla personalmente. Per i nostri scopi, diciamo che lo Yoga e Tai Chi sono esempi di una manipolazione interna di Chi, mentre massaggio, chiropratica e l'agopuntura sono esempi di una manipolazione esterna.

Questo significa semplicemente che nessuna forza esterna esterna (un'altra persona, chimico o dispositivo come aghi) è necessaria per raggiungere una maggiore consapevolezza.

Il massaggio, d'altra parte, sembra essere per coloro che sono orientati all'apprendimento tattile. Per le persone di questo tipo abbiamo sviluppato molte forme ben note di meditazione, come tiro con l'arco, karate e kung fu, yoga, tai chi e altri gruppi spirituali o religiosi hanno creato rituali, che permettono al praticante di "agire" sulle proprie credenze.

In yoga e Induismo, i tre "modi di culto" sono conosciuti come midra, mudra e mandela. Questi corrispondono ai tre modi in cui apprendiamo. Midra è tutto ciò che comporta il suono, tra cui canto, canto, campana e parlato. Mudra è qualsiasi cosa che coinvolga il corpo, in genere le mani stesse. Così, quando si vedono immagini del Buddha con le dita che si toccano leggermente o film dove i ninja intrecciano le mani per rendersi invisibile (kuji kiri), sono tutte cose correlate al mudra. Mandala è il coordinamento con la legge universale, raffigurato attraverso immagini o figure. In questa categoria rientrano tutta una serie di rappresentazioni figurative, dalla Cappella Sistina alla pittura di sabbia della Navahos.

Come potete vedere, tutte le prospettive spirituali e religiose hanno cercato modi per aumentare la loro consapevolezza e armonia con le leggi universali. In tutti i casi, abbiamo scelto modi che si adattassero meglio alle nostre esigenze in termini di come imparare e capire.

Purtroppo, invece di riconoscere le nostre differenze nel perseguimento degli stessi ideali, siamo diventati gretti, basando i nostri “modi di conoscenza” su un rituale specifico, atto o tecnica.

Nelle arti marziali, ad esempio, ci sono persone che professano che il loro stile è meglio di qualsiasi altro. Nel Giappone antico esistevano diverse scuole di scherma. Una scuola consigliava una spada media, un’altra ne raccomandava una lunga e un’altra ancora suggeriva che di utilizzare due spade. Successivamente Myamoto Musashi, il creatore della niton-ichi ryu o scuola “due spade come una”, affrontò uno dei suoi più famosi duelli utilizzando il remo bagnato di un barca e finendo il lavoro con mani e piedi. La sua raccomandazione, che può essere considerata come uno dei principi di base della vita, è “sappiate quando è il momento di lasciare andare la spada”.

Infine, seguendo il consiglio di Musashi, non sosteniamo il massaggio svedese piuttosto che il Reiki o uno stile particolare come migliore di tutti gli altri. Quello che invece sosteniamo è l’essere aperti alla scoperta di nuovi e migliori modi per utilizzare la vostra arte e abilità (in qualsiasi forma) per diventare il migliore che possiate essere. Di solito dico che credo che l'universo sia parte di un grande triangolo che potrebbe essere descritto come il noto, lo sconosciuto e inconoscibile.

Il nostro mondo fisico è scientificamente probabile, e governato dagli stessi principi dell'inconoscibile. Ma questo è tutto ciò che potremo mai sapere dal nostro pianeta piccolo e insignificante.

Piuttosto che impazzire cercando di capire ciò che non potremo mai afferrare completamente, possiamo ammirare e perfezionare l'interazione con i molti miracoli che possiamo sperimentare ogni giorno.

Ai fini di questo capitolo possiamo dire che qualsiasi forma di massaggio che si sforzi di equilibrare il flusso del Chi (a qualsiasi livello) è in armonia con i principi di base di una pratica meditativa.

Diverse azioni, stesso Focus - Ka Chua e Lomi Lomi

Ho fatto sempre riferimento al Chua Ka come al "fucile" della digitopressione, perché i concetti di base di ciascuno sono essenzialmente gli stessi. Il Chua Ka si concentra su determinati punti del corpo per alleviare e prevenire il dolore, e la digitopressione fa lo stesso. In agopuntura, la conoscenza di come il Chi segua determinati meridiani in tutto il corpo (e come un punto remoto possa influenzare un altro) è il risultato di secoli di ricerca e investigazione.Tutti i sistemi sono presi in considerazione, in quanto si relazionano al flusso del Chi.

Il Chua Ka, anche se estremamente efficace, è piuttosto univoco nel suo approccio. Veniva eseguito dai guerrieri mongoli prima della battaglia per renderli insensibili al dolore in caso fossero stati feriti in battaglia. Può anche aiutare ad elevare il dolore, una volta che si è verificato l'infortunio.

Per i guerrieri era importante essere in grado di combattere sopportando il dolore, così il Chua ka permette anche che una persona continui a poter usare i muscoli, paralizzandoli al tempo stesso. Questa abilità apparentemente soprannaturale del guerriero mongolo di ignorare un infortunio e continuare a combattere è stato uno dei motivi principali per cui fu costruita la grande muraglia cinese.

Il sistema su cui ci si concentra nel Chua Ka è lo scheletro e le articolazioni principali. Questo include diversi punti sul cranio e la colonna vertebrale.

Chiunque abbia una consapevolezza anche minima del corpo o dei sistemi del corpo e dei meridiani sa che tutto è interrelato. Le costole, per esempio, sono coperte da muscoli e pelle, così come gli organi interni e un'intricata rete di nervi e ghiandole e altre ossa.

Quando si concentra un massaggio Chua Ka sulle ossa delle braccia, polsi, gomiti e spalle, anche i muscoli e soprattutto il sistema nervoso stesso (in corrispondenza delle articolazioni principali) vengono massaggiati. Alcuni praticanti con ho parlato credono realmente che questo contatto con il sistema nervoso sia ciò che dà al Chua Ka la sua forza. Sono d'accordo che questa sia una possibilità. Le ossa (anche quelle più spesse) sono di natura spugnosa. Diventano dure solo quando vengono rimosse da un corpo vivente. In altre parole, quando un osso è *vivo, dà*. Più vivo è, più è flessibile e forte. Quanti anziani hanno sentito dai loro medici che le loro ossa sono diventate fragili con l'età?

Così, quando un movimento viene fatto lungo il braccio, per esempio, anche quando il massaggio non è al gomito o al polso, il sistema nervoso viene delicatamente accarezzato. Infatti, avrei dovuto dire che strofinando il sistema nervoso “attraverso le ossa” è probabilmente la maniera migliore (e l’unica veramente sicura) di stabilire un contatto con esso.

Dall’altro lato della medaglia, dal punto di vista del Chua Ka, abbiamo scheletro, tendini e legamenti. Tutti servono a proteggere il sistema nervoso permettendo una stimolazione pacata. L'effetto è che una persona sente generalmente una parte del corpo informicolirsi, e il trattamento prolungato può portare ad una sorta di anestesia. La “tecnica” è un movimento circolare delle mani, che mette in contatto articolazioni, muscoli e punti di pressione per poi andare lungo le ossa.

I guerrieri mongoli si massaggiavano l’uno con l’altro per ore e anche per diversi giorni prima di una battaglia. Si può immaginare che non avrebbero sentito nessun dolore per un periodo prolungato dopo un tale massaggio. L'esperienza del tatto di per sé ha la tendenza a rilasciare tutta una serie di reazioni chimiche (nel cervello e nei muscoli stessi, sotto forma di endomorfine) che danno ad un individuo la sensazione di euforia. Ancora una volta, questo include sia la persona che viene toccata che la persona che tocca.

Davvero chiunque può imparare il Chua Ka, ed è soprattutto facile per un massaggiatore qualificato impararne le basi e incorporarlo nei propri programmi di trattamento. Naturalmente, è un metodo che non può andare bene per tutti. Il Chua Ka è una grande aggiunta al vasto corpo della conoscenza del trattamento fisico, ma non credo che dovrebbe essere considerato un sostituto per qualsiasi altra forma di massaggio.

La bellezza del Chua Ka è che basta poca istruzione per perfezionare l'abilità, perché è basata sulla nostra naturale inclinazione a "toccare per guarire". Fintanto che una persona ha la sensibilità di seguire le ossa con le dita e conosce il proprio corpo abbastanza bene per capire dove sono le articolazioni e i "punti sensibili", può fare il Chua Ka. In effetti, il Chua Ka (come l'agopuntura) può per la maggior parte essere eseguito su se stessi. Le limitazioni sono solo per le aree difficili da raggiungere, come la metà della schiena.

Il Lomi Lomi è la forma hawaiana di massaggio che mi piace anche insegnare come un esempio dell'estremità "morbida" dello spettro. Qui, la massaggiatrice parte dalla convinzione di essere "parte del processo" piuttosto che un semplice veicolo per il piacere di un altro. La tecnica Lomi Lomi cerca di imitare i movimenti naturali che sono evidenti nella vita di un abitante dell'isola. Le mani si muovono indipendentemente l'una dall'altra e gli avambracci, la voce (attraverso il canto) e l'intenzione di entrambi i partecipanti sono integrati con i movimenti. Un massaggio lomi lomi corretto è un perfetto esempio di integrazione dei cinque principi tra due (o più) persone.

Naturalmente, io non sono in grado di insegnare Chua Ka o Lomi Lomi in un libro o in un articolo breve come questo, e non tenterò di farlo. Trovate un insegnante che conosca entrambe le tecniche e applicatele su voi stessi, come studenti o come partecipanti. In entrambi i casi, il vostro guadagno sarà uguale al vostro investimento. Questo è vero per qualsiasi materia o disciplina.

Note finali: i principi in comune

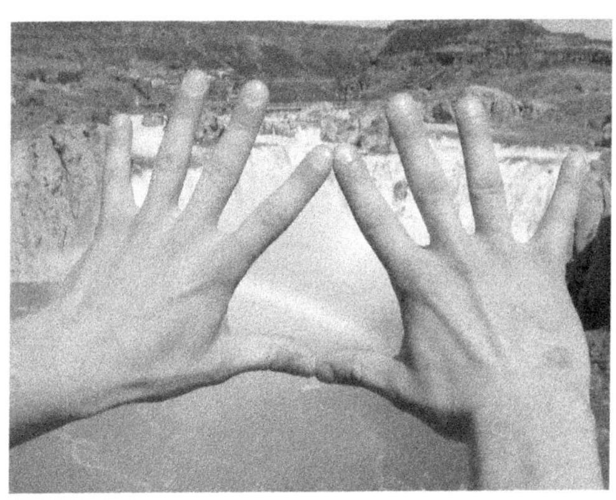

di **Gordon Richiusa**

"Il respiro dell'universo è sia pesante che leggero", *proverbio zen.*

Questa citazione apre questo libro e lo conclude (in un certo senso). Sono un professionista e allievo di arti marziali da almeno cinquant'anni. Cosa che non mi rende in nessun modo un vero e proprio MAESTRO (poiché non credo che esista un tale stato). Tuttavia, credo che la mia esperienza e dedizione allo studio di tutte le forme di arti marziali, metodi di comunicazione, educazione e la psicologia dell'essere umano mi abbiano donato un vantaggio unico da cui partire per fare alcune osservazioni circa le somiglianze e le differenze negli stili che ho studiato.

Chiamo il mio metodo di insegnamento Concept Training, poiché credo che i concetti siano molto più importanti in un programma di allenamento completo. Ecco alcuni dei concetti con cui lavoro:

1) la disciplina appresa nelle arti marziali offre un grande vantaggio per il successo del Total Fitness.

2) il cervello è l'arma migliore.

3) Fede e fiducia nei nostri sentimenti sono i migliori metodi di prevenzione al doverci difendere.

4) Evitare conflitti è molto superiore a qualsiasi tecnica di difesa.

Uso lo stile di karate di Okinawa noto come Goju Ryu come la Fondazione per la formazione a corpo libero, che è il cuore dell'insegnamento generale. Ho scelto questo stile come fondamento perché lo conosco meglio, e perché il nome significa “metodo duro e morbido”. Tuttavia, integro ciò che insegno con qualsiasi forma di movimento salutare che piaccia ad uno studente. Questo è il fondamento del Ninjitsu (una scienza marziale che ho insegnato per Frank Dux).

Io credo nell'adagio: la migliore forma di esercizio fisico è quella che un individuo fa regolarmente. Ho creato il mio stile, il sistema dei cinque uccelli, basandomi su queste credenze.

Io dico che il Go Tao Chi o la metodologia dei cinque principi è basata sui concetti, perché distilla varie forme, idee o discipline (indipendentemente dalla cultura di origine) con l'obiettivo di semplificare la propria personale strategia di vita o regime di esercizio concentrando la consapevolezza sul rapporto tra i movimenti e le posture fisse. Come con l'agopuntura, la digitopressione o una serie di rituali o comportamenti spirituali, queste azioni vengono eseguite in modo specifico per ottenere benefici specifici e non (non sappiamo come funziona, sappiamo solo che ci sentiamo meglio). Infatti, come l'agopuntura o il massaggio sono un'applicazione esterna di questi principi sulla struttura del corpo, il Go Tao Chi mira ad esserne un'applicazione interna.

Potremmo dire, nel linguaggio delle arti marziali, che il Go Tao Chi si concentra principalmente sul rapporto tra mente, corpo e spirito, o consapevolezza, azione e l'ignoto. In molte linee formali del pensiero una Trinità di queste tre prospettive ultime è il nucleo centrale della filosofia. Anche il numero 5 è altamente significativo.

"Alla fine, la differenza tra leggero e pesante è la differenza tra essere nel posto giusto al momento giusto e la scelta di agire in maniera corretta, una volta che ci si è arrivati".— GFR

Non ho veramente capito il significato delle mie parole fino a quando uno studente di miniera (ormai un adulto) mi ha fatto notare come questa frase si collegasse ad un'esperienza che avevamo condiviso. Avevo deciso di portare circa una mezza dozzina bambini "in esplorazione" invece di restare in aula. Dato che nessuno dei miei studenti aveva visto Chinatown, decisi di portarli lì. Quando siamo arrivati, abbiamo visto del fumo provenire da una porta. "Dove stiamo andando?", mi ha chiesto uno dei bambini proprio quando ho notato il fumo. “Stiamo andando là”, ho detto, indicando quella che stava diventando una speciale area di interesse per gli abitanti locali. Abbiamo camminato attraverso la porta aperta, superando diverse persone che stavano borbottando in cinese l'una con l’altra. Siamo entrati, io davanti e i bambini dietro come un'anatra con i suoi anatroccoli, e abbiamo visto un grande wok al centro di una stanza con le fiamme che quasi arrivavano al basso soffitto. C’erano molti uomini e donne, tutti ovviamente agitati e preoccupati, quando un uomo è arrivato da una stanza sul retro con un bicchiere d'acqua e l’ha gettato sulla padella. Questa, come molti sanno, non è una buona idea in casi come questo: le fiamme sembravano essere state alimentate ulteriormente. A quel punto chiesi “Qualcuno parla inglese?”.

Un uomo fece un passo avanti e rispose rapidamente “Sì, io”. Al che io dissi, “Chiedigli se ha un estintore”, e indicai il ragazzo che stava arrivando con un'altra tazza d'acqua.

L'uomo che aveva fatto un passo avanti parlò in cinese all'uomo con la tazza d’acqua. Quest’ultimo tornò ancora nella stanza sul retro e tornò subito con un estintore, che consegnò a me. Io lo passai rapidamente all'uomo che parlava inglese. Lui guardò le istruzioni in inglese sul lato, con aria confusa. Regolai l'estintore in modo che l'ugello fronteggiasse le fiamme, che continuavano a imperversare nella padella. “Ora, tira la spina e poi il grilletto!”, dissi, mentre mimavo le azioni. Lui seguì le mie istruzioni e spense le fiamme in un attimo.

Una grande folla si era radunata sulla porta, e tutti guardarono me e i bambini uscire e tornare alla macchina. “Mi ricordo bene di questo giorno”, disse.

“È il giorno in cui hai salvato Chinatown dalle fiamme.”

“È stato anni dopo che uno di quei bambini ha sottolineato come fossimo nel posto giusto al momento giusto, e come avevamo saputo cosa fare una volta che c’eravamo arrivati.”

Nessuna disciplina, (arti marziali, massaggi, abilità di vita o di business) deve essere considerata una disciplina a sé stante, ma dev’essere pensata come un modello per un comportamento generale, un sorta di progetto anziché la costruzione ultimata. Potremmo anche dire che un essere umano è come una barca a vela su un grande specchio d'acqua; si sposta con il vento.

La barca non è il vento, né è l'acqua. Tuttavia, per raggiungere il suo massimo beneficio, la barca deve utilizzare il vento e l'acqua a suo vantaggio. La barca, in un certo senso, deve essere totalmente auto consapevole. Il vento e l'acqua hanno molte somiglianze, e quando la barca interagisce con entrambi, potremmo dire che è come il vento o uno schiavo per l'acqua. Ma nessuna di queste dichiarazioni è in ultima analisi vera.

Tanto più il marinaio sulla barca conosce il vento o l'acqua o anche la barca stessa, più sarà di aiuto nel guidare la barca per la destinazione finale, qualunque essa sia. A volte l'acqua è calma o mossa, o ha forti correnti e il peso all'interno della barca deve essere spostato o lo sterzo deve essere girato leggermente per compensare. Il marinaio e la barca traggono vantaggio dalla conoscenza, dall'osservazione dell'acqua e dall'intuizione. Se l'acqua è calda o poco profonda, la barca salperà in un certo modo. Se l'acqua è fredda o profonda, ci sono altre condizioni che devono essere affrontate.

Con il vento, l'invisibile, è lo stesso. La messa a fuoco e il controllo della barca verso la sua destinazione può solo sperare per un vento favorevole, e poi aggiustare la vela correttamente per il vento a disposizione. Concentrarsi su tutti i cinque principi del tutto rendono la potenza disponibile rapporto e risultato dell'interazione di barca, vento e acqua, senza soffermarsi su nessuno di essi in particolare.

Non esitate a contattarmi attraverso il mio blog, www.5birdsmartialarts.blogspot.com o attraverso la mia linea di e-book gratuiti sulle abilità di comunicazione, http://www.vision-revision.pbwiki.com, dove troverete anche alcuni dei miei altri scritti. Sono grato per l'opportunità di condividere le vostre opinioni sui contenuti di questo libro. Le parole qui non sono scolpite nella pietra e mi aspetto che continueranno ad essere modificate per molti anni a venire. Tuttavia, il concetto di gratitudine sembra essere uno degli attributi ammirevoli che provengono dal seguire un approccio di vita impostato sui cinque principi. Come ho detto spesso, non sarei niente se non fosse stato per i miei insegnanti, e ho promessa a uno di loro, molti anni fa, che non avrei mai sminuito l'importanza di questo concetto. Perciò, voglio concludere questo libro con alcune parole nello spirito di quel maestro.

La preghiera di ringraziamento è quello che abbiamo imparato in particolare dai nativi americani. Una festa che tutti noi celebriamo, ma è in realtà originaria dei nativi americani, è il Ringraziamento. Così concludo questa nuova edizione dei cinque principi del tutto nel modo che ho imparato da alcuni dei miei insegnanti.

Grazie, grande spirito padre.

Le mie preghiere di ringraziamento escono in quattro direzioni, verso le quattro famiglie dell'uomo... per tutte le generazioni...Per tutti gli esseri che strisciano, le piante e gli alberi, gli esseri a quattro zampe, e quelli alati, gli esseri d'acqua, il visibile e l'invisibile e tutta la creazione, inclusa la terra, nostra madre.

Ti ringrazio per tutte le lezioni e i doni, gli ostacoli e le avversità che sono state collocate sul mio percorso di vita.

Ti ringrazio per la mia famiglia, amici, conoscenti, i leader e i seguaci, persino per i miei nemici, tutti coloro che sono stati miei insegnanti o si sono uniti a me lungo la mia strada.

Ti ringrazio per avermi permesso di seguire questo percorso di essere umano, che percorrerò fino alla fine, ovunque mi condurrà. Striscerò, camminerò, correrò, con la testa alta e il cuore contento per la consapevolezza degli cinque uccelli, i cinque principi e innumerevoli doni che sono stati concessi a me come essere umano.

Tutte le mie relazioni. OS. Om. Amen. Aloha.

Dichiarazione Finale

Grande Maestro Alfred Urquidez

Mi è stato chiesto di curare la traduzione in spagnolo di questo testo, che è un onore per me, anche se io non sono spagnolo o messicano come molti credono. La mia famiglia è Apache e Blackfoot. Il mio nome nativo è Badger. Sono Executive Council agli ambasciatori per il Wall of Fame dei maestri di arti marziali, del quale faccio anche parte. Tuttavia, sono conosciuto più per le mie azioni che per le mie parole. Pertanto, sarò breve.

Quello che vorrei aggiungere, dal profondo del cuore, è questo: io, Alfred Urquidez, conosco Shihan Gordon Richiusa da diversi anni, che sembrano più di un secolo. Entrambi abbiamo la stessa visione dell'insegnamento e lo stesso rispetto per i concetti delle arti marziali come principi guida per il mondo. Nel mio percorso sono stato un mentore e ho insegnato ad altri ad essere positivi in ogni situazione che capitasse loro. Insegno a essere uno studioso prima di diventare un guerriero, che è come tutti gli altri membri della mia famiglia insegnano ai loro studenti. Il modo in cui pensate determina ciò che creerete nella vita; che è poi la conoscenza applicata. Amo profondamente la mia arte, il Kenpo-Shotokan, un'arte morbida e rigida che nasce dalla combinazione di due stili diversi; che è armonia di movimento e di azione. La mia famiglia è l'unica al mondo ad essere certificata per insegnare quest'arte. Questo stile nasce nel 1965, a opera di mio fratello maggiore, il grande maestro Arnold Urquidez, e portato alla ribalta da mio fratello più famoso, Benny "The Jet" Urquidez. Insieme hanno dovuto ottenere il permesso da entrambe le altre arti per creare lo stile; che è la nostra forma. Io insegno il modo di vecchia tradizione, in cui il rispetto reciproco tra studente e insegnante è necessario per il successo. I miei studenti diventano parte della mia famiglia. Sappiamo che cosa significa *Osh*. È il modo di vita. E a mio fratello Shihan Gordon Richiusa, che amo e rispetto tanto, dico "Osh, fratello mio!"

Che è il beneficio.

Gordon Richiusa

www.ingramcontent.com/pod-product-compliance
Lightning Source LLC
Chambersburg PA
CBHW061923130726
47909CB00012B/573

* 9 7 8 0 9 8 5 3 2 7 6 2 0 *